Recht ströme wie Wasser

D1723753

Recht ströme wie Wasser

Christen in der DDR für Absage
an Praxis und Prinzip der Abgrenzung.
Ein Arbeitsbuch.
Herausgegeben von Stephan Bickhardt.
Mit einem Vorwort von Kurt Scharf.

Wichern-Verlag

CIP-Titelaufnahme der Deutschen Bibliothek

Recht ströme wie Wasser: Christen in d. DDR für Absage an
Praxis u. Prinzip d. Abgrenzung; e. Arbeitsbuch /
hrsg. von Stephan Bickhardt. Mit e. Vorw. von Kurt Scharf. – Berlin:
ISBN 3-88981-034-9
NE: Bickhardt, Stephan [Hrsg.]

© Wichern-Verlag GmbH, Berlin 1988
Satz, Druck und Buchbinderei: Wichern-Verlag, Berlin
ISBN 3-88981-034-9

Inhalt

Es ströme aber
das Recht wie Wasser
und die Gerechtigkeit
wie ein
nie versiegender Bach.

(Amos 5, 24)

Kurt Scharf: Vorwort

*Ab*grenzung und *Aus*grenzung habe ich von Kindheit an geübt und erlitten. Wenn ich sie vernahm, hielt ich sie für selbstverständlich gegeben, tat es aber auch nicht selten schuldhaft. Wo sie mir zugefügt wurde, hat mich dies keineswegs immer geschmerzt. Im Unterschied zu meinem jüngeren Bruder, der schon als Knabe sehr viel sozialer empfand als ich, teilte ich die Verachtung des humanistischen Gymnasiasten gegenüber ‚Gassenjungen'. Auch jüdische und katholische Mitschüler wurden von Lehrern, die ich anerkannte, in unserer neumärkischen protestantischen Stadt nicht gleichberechtigt, nicht gerecht behandelt. Das Urteil über *die* Juden war beeinflußt von ‚einströmenden' Ostjuden, das über *die* Katholiken von der Abneigung gegen den benachbarten polnischen Katholizmus. Von der Abgrenzung gegenüber Katholiken und Juden bin ich in den Oberschuljahren durch besondere Umstände – den hebräischen Unterricht bei einem ostjüdischen Rabbiner mit einem katholischen Schulkameraden – frei geworden. Klassenabgrenzungen blieben haften bis in mein erstes Gemeindepfarramt hinein. Voll überwunden habe ich diese erst beim Militär.

Erfahren habe ich Abgrenzung, ohne bekümmert zu sein, schon als Student: durch extrem nationalistische Kommilitonen. In der nationalsozialistischen Zeit als Notbundpfarrer und Bruderratsmitglied lernte ich Einzelhaft als quälende Form der Ausgrenzung kennen. Abgrenzung getan, hingenommen, mitangesehen zu haben, hatte den Weg bereitet für die Abgrenzung des Totalitarismus, die im Nazistaat über uns kam. Eben damals erkannten wir ‚Ab- und Ausgrenzung' in der Dimension des ‚Prinzips' als Methode des Terrors, staatlich-amtlicher Verlogenheit, brutaler Unterdrückung. Das Prinzip gestattete, ja löste aus, jede Form grauenvoll verbrecherischer Praxis. In den Jahren des ‚Dritten Reiches' wurden für den Normalbürger die Landesgrenzen zu uns einschließenden Mauern. Ich spüre noch das Gefühl von Freiheit und Neugier beim ersten zivilen Grenzübertritt in ein freies Ausland, nach Schweden, Ende 1948. Nach der Befreiung von der Nazi-Herrschaft wurde Ab- und Ausgrenzung besonders für uns Kirchenvertreter zum *politischen Pro-*

blem. Sie engte unsere Arbeit ein, sie stellte spezifische Aufgaben. Respektierung und Nichtachtung der innerdeutschen Grenze, das Erproben ihrer Durchlässigkeit führten in gesetzliche und in humanethische Konflikte. Individuelle Ausgrenzung habe ich als ‚Amtsträger' der Kirche 1961 durch die Behörden der DDR erfahren. Ich wurde am 31. August – drei Wochen nach Errichtung der ‚Mauer' – als ‚Führer einer friedensfeindlichen Organisation', der EKiD, ausgesperrt. Dieser Akt und die damit verbundene Diffamierung, auch der EKiD, hat mich hart getroffen. (Sie ist inzwischen, seit Dezember 1973, wieder behoben.) Nicht weniger hart bekam ich Ausgrenzung in der westlichen Demokratie – und der eigenen Kirche – zu spüren, schon während der Studentenunruhen 1968, fühlbarer, öffentlich sichtbarer noch nach meinem Besuch bei Ulrike Meinhof und Verena Becker 1974 in der Haftanstalt.

Daß ich meine persönlichen Erfahrungen mit Prinzip und Praxis der Abgrenzung nennen sollte, stichwortartig, im Vorwort, ist der Wunsch der Verfasser dieses Bandes. Ich habe es aber auch getan – von der Kindheit an, um die Forderung begründen zu können, erstens, daß schon in der Schul- und Familienerziehung auf das Phänomen der Ausgrenzung geachtet werden soll, und zweitens daß, wenn nicht in einzelnen Fällen die Praxis, so doch Abgrenzung als Prinzip in der politischen Ideologie und der staatlichen Gesetzgebung strikt zu verwerfen ist.

Das im folgenden Band angebotene Material zur Erscheinung und Problematik der Abgrenzung ist – nach meinem Urteil und eben meiner persönlichen Erfahrung – hervorragend geeignet, das Prinzip der Abgrenzung als Mittel des politischen Kampfes und Schutzes zu widerlegen, die unguten Folgen einer innergesellschaftlichen Abgrenzung aufzudecken und zu einer Gesinnungsänderung in der breiten Bevölkerung zu helfen: in der DDR, in der die Erklärungen verfaßt und die umfassenden Untersuchungen vorgenommen und diskutiert worden sind. Ebenso in der westlichen Welt, von der die Abgrenzung gegenüber dem Ostblock ausging und in der ausgrenzender Rassismus gegenüber Ausländern und Asylsuchenden durch staatliche Praxis genährt wird. Auch die Rüstungspolitik, in ihrer Folge *gegenseitige* Abgrenzung, hat ihre hartnäckigen Verfechter im westlichen Machtblock.

Der hohe Wert der folgenden Erhebungen liegt in treffender Kennzeichnung der gegenwärtigen Weltsituation, insbesondere der Situation in der DDR, in aparter theologiegeschichtlicher Untersuchung, in der Anwendung biblisch-exegetischer Kategorien auf die Aporien, Gefährdungen, Verblendungen heute. Der hohe Wert liegt aber auch in überraschender, enthüllender Anwendung, und er liegt in ihrem Ausgreifen weit über die theologische und unmittelbar biblische Argumentation hinaus. Die soziologische Systemtheorie wird – ausgewogen und erhellend – in Anspruch genommen. Philosophische, weit zurückgreifende geistesgeschichtliche Zusammenhänge werden – für mich gänzlich neu – entdeckt. Vorgänge, mir bekannte und völlig unbekannte, werden genannt, verglichen und so aufeinander bezogen, daß sie Wert und Bedeutung für uns heute erhalten. Ich habe aus dem Studium der Aufsätze viel gelernt. Ein großer Ertrag der Lektüre dieser ‚*Aufrisse*' ergibt sich aus ihrer Brauchbarkeit für die *Praxis* der Bekämpfung von gefahrbringendem ‚Prinzip und Praxis der Abgrenzung'!

Weil der Rahmen – vom Dokument eines Arbeitskreises einer Gemeinde in der DDR – historisch und human-grundsätzlich so weit gespannt und so anschaulich-konkret gefüllt wird, ist das Buch eben auch für Argumentation und Eigenerkenntnis bei uns geradezu unentbehrlich. Für die Einübung engagierter Arbeitskreise im westlichen Deutschland, auch für die Diskussion mit unseren politischen Parteien und die Forderungen an unsere Regierenden zugunsten Benachteiligter jeder Art ist es hoch brauchbar. Wer es nicht beachtet, schadet der guten, notwendigen Sache (bis hin zur Weltversammlung der Kirchen für Frieden, Gerechtigkeit und Bewahrung der Schöpfung!).

In Anmerkung sei von einem, der Lyrik besonders liebt, erwähnt, daß für den eingefügten Abschnitt modernster DDR-Lyrik gelten muß: die Orakel ihrer Wahrheit werden deutbar erst, wenn sie in ihrem Bereich auf eine Öffentlichkeit stoßen, die sie zur Zeit noch entbehren müssen. Mir sind sie Orakel geblieben, bedenkenswerte, doch noch unerschlossene Orakel.

Abgrenzung zwischen den beiden deutschen Staaten und Ausgrenzung der Regierenden in der DDR von der eigenen Bevölkerung (wie weite Kreise unserer Jugend vom bundesdeutschen Staat) sind miteinander zu überwinden. Dies aber nur, wenn wir den Veränderungen im Ostblock mit einem ‚Vorschuß an Vertrauen' begegnen. Rückschläge auf dem Wege der ‚Öffnung und Neugestaltung' durch staatliche Organe drüben sollten wir so zurückhaltend kommentieren, wie die Kirchenleitungen im ‚anderen Teil Deutschlands' es weise und wahrhaftig tun und uns – vorbildlich – zeigen!

Stephan Bickhardt 

An die westlichen Leser

Das nukleare Abschreckungssystem wird heute quer durch alle politischen Lager in Frage gestellt. Dennoch wird weiter mit der Möglichkeit einer selbstverschuldeten Vernichtung der Schöpfung Gottes politisiert. Anders als die Evangelische Kirche in Deutschland hat die Synode des Bundes der Evangelischen Kirchen in der DDR auf ihren Tagungen 1982 und 1985 dem Geist, der Logik und der Praxis der Abschreckung abgesagt. Dies gibt Anlaß zum Weiterfragen. Welche Gründe bewegen Menschen – Christen eingeschlossen – bis heute, in das nukleare Bedrohungssystem als gerechtfertigtes politisches Mittel einzuwilligen?

Seit Anfang 1987 wird unter vielen Christen unseres Landes der Synodalantrag diskutiert, in dem darum gebeten wird, die „Absage an Praxis und Prinzip der Abgrenzung" auszusprechen. Denn „wer das Absschreckungsprinzip ablehnt, muß auch dazu aufrufen, die den Dialog behindernden Abgrenzungen zu beseitigen". Der Antrag beschränkt sich in den einzelnen Forderungen gezielt darauf, die Isolierung in der DDR gegenüber der internationalen Welt anzusprechen. Die Absage an Praxis und Prinzip der Abgrenzung hat jedoch grundsätzlichen Charakter.

Das Prinzip der Abgrenzung ist die Folge einer in Ost und West ideologisch begründeten Scheidung der Welt in Gut und Böse. Der Absolutheitsanspruch der „freien Welt" beziehungsweise des „real existierenden Sozialismus" auf die einzig mögliche Gestaltung einer menschenwürdigen Gesellschaft legt den Einsatz letzter Mittel zur Verteidigung der eigenen Daseinsweise nahe. Es scheint eine notwendige Voraussetzung für die Behauptung und erst recht den Sieg des eigenen Gesellschaftssystems zu sein, sich vom anderen innerlich und äußerlich abzugrenzen, das bedeutet, von den Menschen, die im anderen Machtbereich leben.

Nur unter dieser politischen und psychologischen Voraussetzung ist es möglich, daß Menschen die nukleare Abschreckung als politisches Instrument akzeptieren können. In diesem Teufelskreis von Abgrenzung und Abschreckung entsteht ein gesellschaftliches Desinteresse zwischen Ost und West. In deren Folge verfangen dann auch böse Auswüchse der Abgrenzungspraxis: Wer im Inneren widerspricht, muß sich oft gefallen lassen, als von außen gesteuert verdächtigt zu werden.

Wenn Christen eine Absage aussprechen, so geschieht dies nicht gegenüber andersdenkenden Menschen. Vielmehr fragen wir unsere eigene Lebenspraxis im je verschiedenen gesellschaftlichen Kontext an. Nur wenn wir die Absage an Praxis und Prinzip der Abgrenzung „zuerst in das eigene Fleisch schneiden lassen" (Heino Falcke), wird unsere Kritik überwindenden, öffnenden Charakter haben. Die Autoren dieser Broschüre wollen so verstanden werden.

Aufrisse, Skizzen, offene Entwürfe werden vorgelegt, keine geschlossenen theoretischen Darstellungen. Unterschiedliche Sichtweisen auf die Praxis der Abgrenzung, wie wir sie in der DDR erfahren, äußern sich so in der Beschreibung ihrer kulturellen, politischen, sozialen, psychologischen und historischen Aspekte. Die Standorte wechseln. Die komplexe Wirkung des Prinzips der Abgrenzung erfordert verschiedene, teils auch kontroverse Zugänge des Verstehens, ebenso vielfältige Ausblicke auf eine neue Praxis der Offenheit und Verständigung – nicht nur von Christen.

Mit dieser Veröffentlichung wollen die Autoren ermuntern, auch unter anderen gesellschaftlichen Bedingungen Ähnliches zu versuchen. Wie können wir in und zwischen West und Ost die dialogbehindernden Abgrenzungen abbauen und zu einer von den Menschen selbst gestalteten Entspannung kommen? Dabei ist deutlich, daß die territorialen Grenzen in Europa anerkannt sein müssen und nicht durch die Festlegung auf Wiedervereinigung in Frage gestellt werden dürfen.

Welche innergesellschaftlichen Ausgrenzungen, zum Beispiel gegenüber Ausländern, sollten zugunsten einer sozialen Integration überwunden werden? Es bleibt eine Tatsache, daß soziale Ausgrenzungen gegenüber Minderheiten und Randgruppen in einem Staat die Mentalität der Abgrenzung und Dialogverweigerung nach außen befestigen.

Wo hat sich die Kirche in die Abgrenzungspraxis hineinziehen lassen anstatt ihrer Ideologisierung entgegenzutreten? Es ist bedauerlich, wenn Christen marxistische Gesellschaftskonzepte mit dem Hinweis auf die realen Verhältnisse im Osten rundweg verteufeln, so den Antagonisten auf beiden Seiten Argumente liefern und sich überdies von den Menschen in Osteuropa abwenden.

Der Aufruf (S. 24) nennt weitere Fragen, die zum Beispiel in die Gespräche zwischen den Partnergemeinden aus Ost und West aufgenommen werden könnten. Die Gemeinde Jesu Christi lebt an einem konkreten Ort, bezeugt aber gerade dort den einen Herrn über die ganze Welt. So hat die Diskussion über Praxis und Prinzip der Abgrenzung auch ihren Platz auf verschiedenen Ebenen kirchlichen Lebens: in den Gemeindekreisen, auf den gesamtkirchlichen Synoden und im weltweiten konziliaren Prozeß. Denn wenn wir unsere Verantwortung für Friedens- und Schöpfungsbewahrung sowie für Gerechtigkeit wirklich wahrnehmen, werden wir eine breit angelegte Öffnung vorantreiben. Eine Öffnung für neue Lösungsansätze in unseren eigenen Ländern und aus anderen Gesellschaften, besonders der sogenannten dritten Welt.

Ausgang

Absage an Praxis und Prinzip der Abgrenzung

I. Am 13. August 1961 wurde die Teilung Berlins, Deutschlands und Europas offenkundig. Die sich durchsetzende Einsicht in diese Realität ermöglichte die Entspannungspolitik der siebziger Jahre auf Regierungsebene. In der DDR ging die Entspannung jedoch zunehmend einher mit einer Politik der Abgrenzung, an deren Folgen unser gesellschaftliches Leben schwer – und viele, die weggehen, meinen: tödlich – erkrankt ist. Die Isolation der nachwachsenden Generation vom Leben ihrer internationalen Mitwelt bildet nach sechsundzwanzig Jahren Mauer und nach sechs Jahren Trennung von Polen den Nährboden für Zerr- und Feindbilder. Unser alltägliches Leben droht in einer nur schwer aufzubrechenden Enge zu verharren. Praktizierte Abgrenzungen stehen der Bildung von Vertrauen zwischen den Menschen und Völkern entgegen. Die jüngsten sowjetischen Friedensvorschläge schließen jedoch ausdrücklich die notwendige Förderung von Begegnungen und Verständigung der Menschen verschiedener Staaten und Gesellschaftsordnungen ein. Der in unserem Land begonnene Prozeß der kontrollierten Öffnung nach außen geht in diese Richtung. Er braucht neue Anstöße unsererseits.

II. Im Rahmen des KSZE-Prozesses ist die Vertrauensbildung, verstanden als ein Vorgang zwischen souveränen Staaten, mühevoll in Gang gekommen. Wirklich gelingen wird sie aber erst dann, wenn alle Bürger der verschiedenen Staaten in einen freien Dialog treten können. Auch christlicher Glaube sucht heute nach Wegen grenzüberschreitender Solidarität. Hier wurzelt für uns das Friedenszeugnis unserer Kirche (Absage an Geist, Logik und Praxis der Abschreckung). Doch wer das Abschreckungsprinzip ablehnt, muß auch dazu aufrufen, die den Dialog behindernden Abgrenzungen zu beseitigen. Nur so wird Friedenspolitik wirklich glaubwürdig und unumkehrbar. Ein grundsätzliches Wort aus christlicher Verantwortung tut not.

III. Wir bitten die Synode, die *Absage an Praxis und Prinzip der Abgrenzung* auszusprechen. Im Einzelnen bitten wir die Synode, jetzt öffentlich einzutreten für

A – die volle Wiederherstellung der Reisemöglichkeiten zwischen Polen und der DDR entsprechend der Praxis von 1972–1980,
– die öffentliche Thematisierung einer anzustrebenden Freizügigkeit zwischen den sozialistischen Staaten Europas,

B – die rechtlich garantierte Reisefreiheit in westliche Länder für alle DDR-Bürger unabhängig von Alter, beruflicher Stellung, familiären Anlässen und politischer Einstellung,
– die Offenlegung und gesellschaftliche Diskussion der wirtschaftspolitischen, speziell finanzwirtschaftlichen Probleme im Blick auf die Reisepraxis gegenüber westlichen Ländern,

C – die Aufhebung politisch begründeter Einreiseverbote für Personen aus dem Ausland einschließlich ehemaliger DDR-Bürger,
– ein öffentliches Gespräch über gesellschaftspolitische Veränderungen, die geeignet sind, ehemalige Bürger der DDR zur Rückkehr zu motivieren,

D – die unverzügliche Einführung von Begründungen im Fall der Ablehnung von Reiseanträgen,
– eine Diskussion über die Einführung arbeitsrechtlich verankerter Garantien, sich gegen Kontaktverbote und -meldepflichten im Blick auf Personen aus dem nichtsozialistischen Wirtschaftsgebiet verwahren zu können,

E – den kirchlichen Verhandlungsgrundsatz gegenüber dem Staat: Die ökumenische Reisepraxis muß vorrangig Sache der Gemeinden werden,
– die geistliche Problematisierung der Tatsache, daß die Behandlung der ökumenischen Kontakte als Dienstreisen die Kirche Christi zu einem Betrieb macht.

IV. Die Absage an Praxis und Prinzip der Abgrenzung und das Einstehen für diese Forderungen können helfen, unser Leben aus verengten Perspektiven herauszuführen. Erst dann werden wir unsere Existenz nicht mehr als bevormundet und zweitrangig erfahren, sondern uns als freie und mündige Bürger betrachten.

Hans-Jürgen Fischbeck

Gedanken zur Einbringung des Antrags in die Synode Berlin-Brandenburg

Der Antrag „Absage an Praxis und Prinzip der Abgrenzung", der als Drucksache 28 der Synode Berlin-Brandenburg bei ihrer Tagung vom 24. bis 28. April 1987 vorlag, betrifft Lebensfragen unseres Volkes. In wenigen, sorgfältig bedachten Worten benennt er die Gründe in ihrem geschichtlich-gesellschaftlich-politischen Zusammenhang und stellt einen Katalog von fünf Forderungen mit Diskussionsanregungen für begleitende Probleme auf. Es schien angebracht, diesen Antrag bei der Einbringung in die Synode aus einer mehr persönlichen Sicht zu erläutern, den Synodalen näherzubringen und in den Kontext des konziliaren Prozesses zu stellen. Diese Aufgabe fiel mir als Glied der antragstellenden Bartholomäus-Gemeinde zu, und ich bin dankbar, daß ich diesen Beitrag zur Sache leisten durfte. Ich möchte diese Erläuterungen in einer etwas erweiterten Fassung wiedergeben.

Erweitern möchte ich sie um eine Erwägung der Frage, ob es denn gut sei, wenn die Kirche durch ihre Synode öffentlich zu einer so gewichtigen Frage in Form einer Absage grundsätzlich Stellung bezieht. In Gespächen während und nach der Synodaltagung wurden Bedenken und Einwände erhoben: Die Kirche solle sich nicht selbst in ein Wächteramt berufen und öffentliche Anklagen erheben. Die vom Antrag erbetene absagende Stellungnahme verletze die bewährten sogenannten Spielregeln. Wenn man wirklich etwas erreichen wolle, müsse man diesen „Spielregeln" zufolge das vertrauliche Gespräch mit den jeweils zugeordneten Verantwortlichen auf staatlicher Seite suchen, aber auf keinen Fall öffentlich reden. So und nur so lasse sich manches regeln und zum Besseren wenden. Der Antrag könne von der staatlichen Seite nur als Angriff gegen die DDR gewertet werden. Zudem sei der gegenwärtige Zeitpunkt denkbar ungeeignet. Eine erweiterte Genehmigungspraxis sei ja im Gange. Da wäre es doch förderlicher, anerkennend zu reden als neue Forderungen zu erheben.

Es ist nicht zu bestreiten, daß in vertraulichen Gesprächen mit zuständigen staatlichen Stellen Hilfen in Härtefällen am besten geleistet und praktische Probleme am ehesten gelöst werden können. Da gibt es auch viele gute Erfahrungen. Es ist auch denkbar, daß die Entwicklung zu mehr Reiseerleichterungen noch weitergeht.

Man wird aber unserem Antrag nicht gerecht, wenn man ihn nur als Forderung nach mehr Reisefreiheit versteht. Es geht um mehr als das. Es geht auch um mehr als die Regelung von Härtefällen und die Lösung von Einzelfragen, die nach den „Spielregeln“ eher erreichbar sind. Das wird noch zu erläutern sein. Unser Antrag will, recht verstanden, nicht mehr und nicht weniger, als daß die Synode an einem neuralgischen Punkt unserer Gesellschaft, in einer Lebensfrage unseres Volkes, die Wahrheit sagen und ein Stück Offenheit (Glasnost) in Anspruch nehmen möge. Sie soll dies nicht selbstgerecht, besserwisserisch und anklagend, aber klar, eindeutig und verantwortungsvoll tun. Wenn sich die Synode als die Vertretung der Gemeinde zur Stimme der Betroffenen und Sprachlosen von unten macht, so hat dies nach meiner Meinung mit einem angemaßten Wächteramt von oben nichts zu tun. Sie dient damit der Glaubwürdigkeit unserer Kirche, die durch die Teilhabe von Amtsträgern an Privilegien und den Anschein opportunistischer Arrangements gelitten hat. Ein klares und befreiendes Wort der Synode könnte neu hörbar und erfahrbar machen, daß unsere Kirche als Kirche der Gemeinden bei den Menschen, aber nicht bei den Mächten zu sein hat.

Steht ein solches öffentliches Pathos aber nicht doch praktischen Regelungen, auf die es letztlich ankommt, eher im Wege? Werden dadurch nicht Ansätze des Vertrauens zwischen Staat und Kirche geschwächt? Sollte man sich nicht doch lieber an die „Spielregeln“ halten und öffentliches Reden meiden? Ich meine, daß diese sogenannten Spielregeln selbst eine Form der Abgrenzungspraxis sind. Es ist dies die tief gestaffelte Abgrenzung im System des demokratischen Zentralismus zwischen den Macht- und Entscheidungsträgern einerseits, deren Bestreben, für das Wohl des Volkes handeln zu wollen, nicht bestritten werden soll, und der übrigen Bevölkerung andererseits, deren erste Bürgerpflicht es ist, ziemlich glücklich und zufrieden zu sein, und deren Recht es ist, sich in Eingaben-Petitionen an den Souverän zu wenden, wenn es daran etwas hapert. Gründe für souveräne Entscheidungen brauchen die Betroffenen nicht zu interessieren. Die „Spielregeln" nehmen kirchliche Funktionsträger mit hinein in dieses System der Abgrenzung. Sich auf sie einzulassen ist frag-würdig und not-wendig zugleich. Man kann sie aber meines Erachtens nicht als Argument gegen unseren Antrag in Anspruch nehmen, dem es gerade um die Bewußtmachung von Abgrenzungen geht, die uns alle betreffen.

Der Einwand, unser Antrag könne von staatlicher Seite nur als Angriff gegen die DDR mißverstanden werden, ist sehr ernst zu nehmen, ist es doch die erste Pflicht der Christen, Feindschaft zu überwinden, und das heißt auch, unsererseits Abgrenzungen abzubauen. In der Tat haben wir keinen Grund zur Selbstgerechtigkeit, hat es doch in unserer Kirche lange Zeit eine Mentalität der Abgrenzung gegenüber dem Staat und der sozialistischen Gesellschaft gegeben, die wir in einem langen Lernprozeß bis hin zum 6. März 1978 überwinden mußten und die auch heute noch in Spuren nachwirkt. Überwindung von Feindschaft, die in Praxis und Prinzip der Abgrenzung politische Gestalt gewonnen hat, ist nun allerdings ein wesentliches Anliegen unseres Antrags. Geht dies nur für den Preis einer neuen Befestigung der als überwunden anzusehenden Abgrenzung zwischen Kirche und Staat? Hier liegt ein echtes, nicht zu bestreitendes Dilemma. Wenn es aber so ist, daß die Kirche eher bei den Menschen als bei den Mächten zu sein hat, dann müssen wir, so meine ich, der staatlichen Seite die Anstrengung ihres guten Willens, die ein Wort der Synode gemäß unserem Antrag bedeuten würde, zumuten. Wenn die staatliche Seite zudem bereit sein könnte, uns zuzugestehen, daß es uns mit dem Antrag nach unserer Einsicht allen Ernstes um das Wohlergehen unserer Gesellschaft geht, so wäre damit abermals ein Stück unfruchtbaren Freund-Feind-Denkens, ein Stück Abgrenzung überwunden.

Ich möchte nun einige Erläuterungen zu Grundaussagen des Antrages anschließen. Wir verkennen nicht, sondern erkennen ausdrücklich an, daß der Bau der Mauer am 13.8.1961 den status quo der Ergebnisse des Zweiten Weltkrieges und damit den bestehenden Frieden stabilisiert hat. Die Bedingungen, die zur Errichtung der Mauer führten, haben sich in den vergangenen 26 Jahren erheblich gewandelt. Die staatliche Existenz der DDR ist durch das Vierseitige Abkommen (September 1971) und den Grundlagenvertrag (Dezember 1972) und die damit verbundene internationale Anerkennung politisch gesichert. Auch eine neuerliche Massenflucht ist offenbar heute nicht mehr zu befürchten.

26 Jahre der Isolation liegen hinter uns. Isolation macht Menschen krank. Isolation kann auch Völker krank machen. Das ist die Feststellung, die im Punkt I des Antrages getroffen wird und die für mich eine regelrechte Erkenntnis im Gesprächsprozeß war. Ich nenne einige Symptome des Abgrenzungssyndroms: da ist vor allem ein falscher Minderwertigkeitskomplex in direkter oder überkompensierter Form; da ist eine Arme-Vettern-Mentalität, die uns fast schamlos die Hand aufhalten läßt gegenüber westlichen Besuchern und die unser schon gemindertes Selbstbewußtsein weiter mindert; da sind falsche Sehnsüchte und Begehrlichkeiten nach der bunten Konsumwelt der grundsätzlich viel besseren Waren von drüben; da sind Resignation und Perspektivlosigkeit bei vielen jungen Menschen, die keine Aussicht auf ein selbstbestimmtes, schöpferisches Leben zu haben meinen; da ist eine spezifische Unselbständigkeit als Hospitalisierungserscheinung unserer bevormundeten Existenz; da ist Verantwortungsscheu unter starkem Anpassungsdruck; da sind Stagnation der Kultur und Abwanderung von Künstlern und Literaten; da sind eine vergleichsweise unproduktive Wissenschaft und eine innovationsarme Technik; und da sind nicht zuletzt viele Tausende, die Ausreiseanträge gestellt haben. Im Gegensatz zu vielen, die weggehen, meinen wir jedoch, daß diese Isolationskrankheit durchaus heilbar ist. Der begonnene Prozeß einer erweiterten Genehmigungspraxis bei Verwandtenbesuchen zu besonderen familiären Anlässen geht in die Richtung der Besserung, läßt aber ein Konzept einer kausalen Therapie nicht erkennen. Deshalb sind neue Anstöße unsererseits notwendig.

In Punkt II des Antrages wird auf einen inneren Zusammenhang zwischen Abschreckung und Abgrenzung verwiesen und gesagt, daß die Absage an Geist, Logik und Praxis der Abschreckung durch unsere Kirche die Forderung nach Überwindung der Abgrenzung logisch und moralisch zur Folge haben muß.

Es ist offenkundig, daß die Abgrenzungspraxis auf unserer Seite das Abschreckungsdenken auf westlicher Seite befestigt und mitbegründet. Solange westlicher Freizügigkeit östliche Abgrenzung gegenübersteht, werden einer Rüstungspropaganda nach dem Motto „Die Freiheit hat ihren Preis“ Argumente geliefert, und es gelingt, Jahr für Jahr unerhörte Summen für den Rüstungsetat durchzusetzen.

Auf unserer Seite erscheint Abgrenzung als flankierende Maßnahme einer Abschreckungspolitik, die sich als internationaler Klassenkampf versteht. Nun ist die mit diesem Wort beschriebene politisch-ökonomisch-militärische Konfrontation zwischen West und Ost ja nicht wegzudiskutieren, aber Praxis und Prinzip der Abgrenzung als politische Gestalt des entsprechenden Freund-Feind-Bewußtseins verlängern und vertiefen sie bis in den persönlich-privaten und familiären Bereich hinein, wo sie nicht hingehört, denn damit geht die Friedenspotenz vielfältiger und zahlreicher familiärer und freundschaftlicher Beziehungen und freier Gespräche verloren, die unsere bedrohte Welt so dringend braucht.

Das von Gorbatschow eingeleitete Neue Denken setzt neue und andere Prioritäten. Das Überleben der Menschheit wird dem Sieg der eigenen Gesellschaftsordnung über die andere (der früher als schließliche Lösung der Überlebensfrage galt) eindeutig vorgeordnet. Der kapitalistischen Gesellschaftsordnung wird Friedensfähigkeit nicht mehr grundsätzlich abgesprochen, und Wege weg von der Abschreckung hin zur partnerschaftlichen Sicherheit werden gesucht. Wir übersehen nicht, daß der Terminus „Abgrenzung“ vor diesem Hintergrund in der öffentlichen Darstellung unserer Politik nicht mehr gebraucht wird. Die Praxis der Abgrenzung wird jedoch geübt und das sie leitende Prinzip gilt noch immer. Wer Vertrauensbildung statt Abschreckung will, muß um der eigenen Vertrauenswürdigkeit willen der Bevölkerung des eigenen Landes Vertrauen entgegenbringen und Abgrenzungen abbauen. Diesen Zusammenhang zwischen Innen- und Außenpolitik hat Gorbatschow erkannt und vertreten.

Die Christenheit hofft auf eine ökumenische Weltversammlung für Gerechtigkeit, Frieden und Bewahrung der Schöpfung. Ein breiter, weltweiter, konziliarer Prozeß soll sie vorbereiten. Die Gemeinden der DDR sind bisher abgegrenzt von diesem Prozeß. Daran können Dienstreisen kirchlicher Amtsträger – gut, daß wenigstens die möglich sind – nichts ändern. Das Friedenszeugnis aus unseren Gemeinden bleibt so im wesentlichen ungehört. Das Eintreten für eine Überwindung der Abgrenzung sollte als Bestandteil des konziliaren Prozesses selbst verstanden werden. Es wäre dies ein genuiner und wesentlicher Beitrag unserer Gemeinden, den wohl niemand sonst leisten kann, zu dem wir nach meiner Überzeugung berufen sind.

In Punkt III werden fünf Forderungen erhoben, die Anstöße zu einer Gesundung unserer erkrankten Gesellschaft geben wollen. Sie bestehen aus jeweils zwei Teilforderungen: Die erste richtet sich an die Regierung, die zweite an die Gesellschaft, um eine öffentliche Diskussion über begleitende Probleme anzuregen. Sie folgen einem inneren Zusammenhang. Er geht aus von der immer noch bestehenden Aufgabe einer versöhnenden Öffnung zu unseren östlichen Nachbarn und reicht bis zum kirchlichen Handeln. Die Forderungen B, C und D stellen eine restriktiv-obrigkeitsstaatliche Genehmigungspraxis in Frage, die dem Bürger keinen klaren Rechtsanspruch auf Reisen in westliche Länder und auf Auswanderung überhaupt einräumt, sondern ihn zum Bittsteller macht, der behördliche Entscheidungen ohne Anspruch auf Begründung wie Orakelsprüche hinzunehmen hat. Die Forderung C spricht auch die Tatsache an, daß die nach oft zermürbendem, jahrelangem Warten schließlich genehmigte Ausreise aus der DDR einer Ausweisung gleichkommt, die von Fall zu Fall unterschiedlich mit undurchsichtigen Rückkehr- und Besuchsverboten verknüpft wird. Es ist uns klar, daß die Reisefreiheit nur die Spitze eines Eisberges, gewissermaßen das Leitproblem des vielfältigen Abgrenzungssyndroms ist. Deshalb können die 5 Forderungen nicht den Anspruch erheben, schon die Grundsätze einer wirkungsvollen Therapie zu sein. Dazu wäre eine breite Diskussion auch in unseren Gemeinden nötig. Die Synode oder synodale Ausschüsse sollten die jeweils zweiten Teilforderungen und andere relevante Fragen beraten sowie Impulse aus den Gemeinden sammeln und verarbeiten.

Der Punkt IV benennt Motiv und Ziel des Antrages. Wer sie sich zu eigen macht, begreift, daß vertrauliche Gespräche mit zugeordneten staatlichen Stellen allein nicht genügen können. Verantwortliches Reden ist notwendig. Schon ein klarer Synodalbeschluß kann eine befreiende – wenn man so will, therapeutische – Wirkung zum Mündigwerden der Christen haben.

Aufruf

Abgrenzung erfahren wir täglich. Das erschwerte oder unmögliche Reisen nach Ost und West ist dabei nur die Spitze des Eisbergs.

Der oben zitierte Antrag wurde auf der jüngsten Tagung der Berlin-Brandenburger Synode (24. – 28. 4. 1987) von der Berliner Bartholomäus-Gemeinde eingebracht. Seither befassen sich viele Gemeinden mit seinem Inhalt. Die Synode beauftragte zwei ihrer ständigen Ausschüsse, ein Jahr lang daran zu arbeiten.

Als Mitautoren dieses Antrages meinen wir: Hier ist jede Stimme gefragt! Deshalb rufen wir die Christen überall in der DDR auf:

1. Schreiben Sie eine kurze *Eingabe* an die Bundessynode unserer Kirchen mit der Bitte, auf ihrer nächsten Tagung vom 18. – 22. September 1987 in Görlitz die *Absage an Praxis und Prinzip der Abgrenzung* im Sinne der Aussagen des Antrags auszusprechen. Erklären Sie bitte Ihre Bereitschaft, diese Absage mitzusprechen! Ein klares Wort der Synode würde zur Umkehr mahnen – zu einem Frieden, der aus persönlicher Freiheit und versöhnender Begegnung lebt.

Anschrift: Präsidium der Synode des Bundes der Evangelischen Kirchen in der DDR, Auguststraße 80, Berlin, 1040

2. Diskutieren Sie bitte außerdem den Antrag weiter in Gruppen, Gemeinden und Gemeindekirchenräten. Wir möchten Ihnen zum Gespräch folgende Fragen vorschlagen:
– Unter welchen Abgrenzungen leiden wir persönlich; an welche haben wir uns schon gewöhnt und sie verinnerlicht?
– Welche dialogbehindernden Abgrenzungen sind im Antrag unberücksichtigt geblieben?
– Wie können wir helfen, die Abgrenzung zugunsten der Entspannung zu überwinden? Wie können wir darüber mit Nichtchristen ins Gespräch kommen, zum Beispiel an der Arbeitsstelle?
– Welche Abgrenzungen gehen von westlicher Seite aus? Wie können wir das ökumenische Gespräch über Frieden und Menschenrechte vor Ort und über Ländergrenzen hinweg beleben?

Lassen Sie uns nach Antworten suchen und sie auf Kreissynoden und Friedensseminaren vorstellen!

Pfingsten 1987

Almuth Berger
Stephan Bickhardt
Anette von Bodecker
Karl-Heinz Bonnke
Dr. Martin Böttger
Erich Busse
Dr. Hans-Jürgen Fischbeck
Dorrit Fischer
Martin König
Reinhard Lampe
Ludwig Mehlhorn

Bekenntnis

Wolfgang Ullmann

Absage – theologisch, kirchengeschichtlich, politisch

Drei Antworten auf drei Fragen

Wie ist der theologische Gehalt einer Absage im Horizont der gegenwärtigen Abgrenzungsproblematik zu fassen?

Glauben heißt Jasagen, im christlichen und universalsten Sinne des Wortes Bejahen von Gottes Ja und Amen, so wie es gesprochen ist im Rettungswerk Christi an Menschheit und Kosmos. Also heißt glauben bejahen, daß alle Menschen, Frauen, Männer, Kinder aller Kulturen, Rassen und Völker insgesamt und jedes einzeln so geschaffen und gerettet sind, daß Sinn und Würde ihrer Existenz von niemandem, einschließlich ihrer selbst, von keiner Instanz und keinem Schicksal infragegestellt werden können. Und darum müssen wir bejahen: Unser Leben bedarf nicht nachträglicher Sinngebungen, durch die wir ihm allererst Bedeutung und Inhalt zu geben hätten. Es gibt keine Gruppe und keinen Einzelnen, die – vielleicht im Namen der Gesellschaft oder der Gattung – beanspruchen könnten, allen anderen ihre Zwecke und Ziele so aufzuerlegen, daß sie ihr Leben und Handeln vor diesen Zwecken und Zielen zu rechtfertigen hätten.

Die kirchliche Tradition hat in diesen Sachverhalten eine Konsequenz der ersten beiden Gebote und ihres befreienden Inhaltes gesehen. Der Exodus Israels aus Ägypten hat nur deswegen den Sinai und das Gelobte Land zum Ziel, um jeden Einzelnen – in nicht geringerem Maße als das ganze Volk – Gott so aus ganzem Herzen, ganzer Seele und allen Kräften lieben zu lehren, daß man erkennen muß: Der Nächste ist wie du, ein Mensch und Miterlöster, zu lieben und zu respektieren als ein solcher.

Im Lichte dieser Bejahungen hat man es zu sehen, wenn die Kirche den Akt der Taufe mit einem Akt der Absage verbunden hat: „Ich sage dir ab, Satan, deinem ganzen Dienst und allen deinen Werken". Denn die Übertretung der beiden ersten Gebote ist nicht nur Verletzung einer unter bestimmten Bedingungen geforderten religiösen Pflicht, sie ist Satansdienst in jeder moralischen, sozialen und politischen Hinsicht. Denn sie beraubt den Menschen der Freiheit seiner Seele, ihren Schöpfer erkennen und anreden zu dürfen. Sie mißbraucht die Geschöpfe im Dienste der weißen und schwarzen Magie der Selbstsucht. Und sie verhindert es schließlich, daß Menschen zu Nächsten werden. Verwandelt sie doch das Miteinanderleben in ein Rollenspiel, in dem nur zwischen den Masken und Kostümen gewählt werden soll, die von der Gesellschaft angeboten werden. Und auch wo der vorchristliche Opferkult aufgehört hat – der menschliche Geist und die Gesellschaft aller Epochen bleiben eine „Fabrik der Idole" (Calvin), deren Macht gerade nicht darauf beruht, daß Menschen ihr Herz freiwillig an sie hängen, sondern darauf, daß sie sich auch das widerstrebende Herz und das widerstrebende Bewußtsein, das revoltierende Gewissen durch ihre Übermacht unterwerfen.

Freilich muß man immer zwischen der Taufabsage an den Satansdienst und die Idololatrie aller Epochen und der ethisch-politischen Absage an die destruktive und rechtswidrige Praxis einer bestimmten Gesellschaft unterscheiden. Die letztere ist jedem vernünftigen und gutwilligen Menschen zuzumuten, während jene eine charismatische Veränderung des ganzen Lebens voraussetzt. Trotzdem besteht – wie schon die neutestamentlichen Briefparänesen zeigen – ein Zusammenhang zwischen beiden Arten von Absage. Taufe ohne den Vollzug der Absage wird zu einer unverbindlichen Tradition, der am Ende sogar die Kraft zum Tun dessen verlorengeht, was die Vernunft von allen Mündigen und Verantwortlichen fordert. Umgekehrt aber bedarf es immer wieder der Kraft des bejahenden Glaubens, um die Imperative der Vernunft sozial und politisch wirksam werden zu lassen.

Im Blick auf welche Handlung wurde eine Absage zuerst ausgesprochen?

In der radikalsten Weise ist jedem Kompromiß zwischen Licht und Finsternis, Gut und Böse abgesagt worden im Kreuz Christi. Jesus hat dieser seiner Absage einmal sogar die Gestalt der Verdammung des Petrus als Stimme des Satans gegeben, weil er Jesus von seinem Weg der Absage bis ans Kreuz wohlmeinend abbringen wollte. Aber der Weg Jesu war gerade die Absage an jeden Kompromiß mit dem Versucher, auch dann, wenn der sich erbot, Steine in Brot zu verwandeln und damit das Hungerproblem zu lösen, auch dann, wenn der Versucher sich als zuverlässigsten Schutz beim unvermeidlichen Rettungssprung in den Abgrund empfahl, auch dann, wenn er als sichersten Weg der Realisierung des Gottesreiches vorschlug, die Reiche der Welt und ihre Herrlichkeiten allesamt zu erobern, was mit dem Satan zusammen und nach einem Kniefall vor ihm kein Problem mehr gewesen wäre.

Aber Jesus wollte nicht die Absage in Gestalt des Kreuzes überflüssig machen, indem er das Hungerproblem magisch löste, Sprünge in den Abgrund gefahrlos werden ließ und die Reiche der Welt und ihre Herrlichkeit in eine satanische Universalmonarchie verwandelte. Darum sind seine Jünger bis auf den heutigen Tag gezwungen, durch immer neue Absagen das Reich Gottes auf Straßen zu bezeugen, auf denen der Verkehr in ganz anderer Richtung flutet, gegen felsenfeste Gleichgültigkeit zu stehen und unter Dornen und Disteln Weg, Wahrheit und Leben offenbar werden zu lassen.

Das heißt aber auch: Die Absage geschieht an immer neuen Fronten, die sich nicht voraussehen und auch nicht aus Bibelzitaten ableiten lassen. Niemand konnte voraussehen, daß die Taufabsage an den heidnischen Kult schließlich einmal durch die Entscheidung des Kaisers Konstantin zu einer öffentlichen Absage an das Heidentum überhaupt werden würde. Niemand konnte voraussehen, daß die auf die Absage von Bischöfen, Mönchen und Klerikern am Ende des 10. Jahrhunderts zurückgehende Gottesfriedensbewegung zur Abschaffung der Privatrache fünfhundert Jahre später im Wormser Landfrieden von 1495 öffentliches Reichsrecht werden würde. Und als spanische Missionare wie Las Casas im 16. Jahrhundert sich dafür einsetzten, aus dem paulinischen Satz, daß unter Getauften ein Unterschied zwischen Freien und Sklaven nicht mehr bestehen könne, auch in den spanischen und portugiesischen Kolonien Konsequenzen zu ziehen – konnten sie ahnen, daß dreihundert Jahre später die unaufschiebbar gewordene Absage an Leibeigenschaft und Sklaverei die christliche Gesellschaft in Rußland und Amerika bis in die Fundamente erschüttern würde?

Und nicht vergessen werden darf die positive Kehrseite solcher Absagen. Wenn die frühe Kirche auch die Absage an die Ehe zu den Selbstverständlichkeiten ihrer Glaubenspraxis zählte, dann nicht aus Verachtung gegen diese Elementarform menschlicher Gemeinschaft, sondern weil ganz neue Terrains der Lebenserfahrung erst einmal erobert werden mußten. So vertreibt der Heilige Antonius als Eremit die Dämonen aus der Wüste, genau wie einst Elia die Baalspriester aus Israel. Und so sind es gerade die Kämpfe der ehelos lebenden Eremiten, die die Wege dafür geebnet haben, daß Ehe und Familie aufhörten, als jene Fabrik der Idole von Fruchtbarkeits- und Mutterkult zu wirken, als die sie noch die Analysen Freuds entlarven mußten.

Wenn die Kirche der Antike der klassischen Literatur als einem Teil des Heidentums mit Tertullians Frage absagte: „Was hat Jerusalem mit Athen zu tun?", dann gewann sie gerade aus dieser Absage die Kraft zu dem benediktinischen Vorstoß in jene nördlichen Barbarenländer, die keine Spur römisch-hellenistischer Kultur je berührt hätte, hätte nicht die Kraft mönchischer Absage an einen in sich geschlossenen Kulturkontext ganz neue Konstellationen der menschheits- und völkergeschichtlichen Kommunikation eröffnet.

Welche persönlichen Einsichten und Erfahrungen bewegten Sie dazu, die Bitte um die Absage an Praxis und Prinzip der Abgrenzung zu unterstützen? Welche positiven Folgen könnte eine solche Absage für die ökumenische Arbeit haben?

Ich habe die Initiative „Absage an Praxis und Prinzip der Abgrenzung" unterstützt, weil ich die weit verbreitete Interpretation der Machtblöcke, in die die beiden deutschen Staaten integriert sind, mittels antagonistischer politischer Ideologien für reaktionär, borniert und schädlich halte.

Für reaktionär deswegen, weil sie das entscheidende Faktum der Geschichte des Jahrhunderts nach den beiden Weltkriegen, die Entstehung der Anti-Hitler-Koalition und der UNO, zugunsten von Parteidoktrinen des 19. Jahrhunderts in den Hintergrund zu drängen versucht. Aber die Tatsache, daß es einer Koalition des anglo-amerikanischen Reformkapitalismus und der marxistisch-leninistischen Sowjetunion bedurfte, um die antihumane politische Häresie des Faschismus von Tokio bis Berlin niederzuwerfen, bedeutete eine qualitative Veränderung der politischen Weltsituation, über die nicht wieder zur Tagesordnung der National- und Imperialgeschichte übergegangen werden kann und darf. So muß es als reaktionär verurteilt werden, wenn die Anti-Hitler-Koalition als eine lediglich taktische Allianz abgewertet wird, die, nach der Ausschaltung des gemeinsamen Feindes überflüssig geworden, die ehemaligen Partner wieder in die traditionellen Antagonismen des 19. Jahrhunderts entläßt mit dem einzigen Unterschied, daß diese Antagonismen nunmehr das Recht beanspruchen, als Supermächte über alle anderen Völker zu dominieren.

Für borniert halte ich die Praxis der ideologischen Abgrenzung, weil sie das historische Faktum der Zugehörigkeit, durch Geburt oder andere geschichtliche Umstände, aufbauscht zu einer bewußten politisch-moralischen Entscheidung. Damit wird Heuchelei, Selbstgerechtigkeit, Provinzialismus erzeugt und am Leben erhalten. Jeder Versuch, die Tatsache, daß man in einem bestimmten Lande wohnt, sich als Tugend anzurechnen, verdient der Lächerlichkeit preisgegeben zu werden. Dabei soll keineswegs verkannt werden, daß Bürgerstolz und Patriotismus Tugenden sind, die in jedem moralisch gesunden Gemeinwesen entstehen. Aber von diesen Tugenden kann nur dort die Rede sein, wo sie aus politischer Verantwortung und ihrer praktischen Bewährung entstehen. Die bloße ideologische Interpretation ohnehin gegebener Tatbestände ist moralisch wie politisch gleich wertlos.

Schädlich wirken Praxis und Prinzip der Abgrenzung überall dort, wo sie zu den allgemein anerkannten Prinzipien der Sicherheit, Zusammenarbeit und Entspannung in ungeklärte Konkurrenz treten. Soviel ich weiß, ist die Frage nach dem Verhältnis der Friedens- und Entspannungspolitik zum internationalen Klassenkampf schon mehrfach in den marxistischen Parteien der sozialistischen Länder diskutiert und zugunsten einer Priorität der ersteren entschieden worden. Es ist nicht unsere Aufgabe als Christen, in diese Diskussion einzugreifen oder sie beeinflussen zu wollen. Wohl aber ist es ein unerläßlicher Teilschritt auf dem Weg des konziliaren Prozesses in Richtung auf Frieden und Gerechtigkeit, aus unseren Sprech-, Denk- und Handlungsgewohnheiten all das zu eliminieren, was bloße – und sei es unbewußte und unbeabsichtigte – Anpassung an die Praxis der Abgrenzung und des ideologischen Antagonismus ist. In diesem Sinne halte ich die Initiative des Gemeindekirchenrates St. Bartholomäus und den Beschluß der Synode der Evangelischen Kirche Berlin-Brandenburg, deren Anregungen aufzunehmen und auf der nächsten Synodaltagung zu thematisieren, für einen wichtigen Diskussionsimpuls, der zu praktischen Konsequenzen geführt werden sollte.

Konrad Hüttel von Heidenfeld

Erwägungen zum Begriff „Absage"

Absage ist ein relativ junger und blasser Begriff im umgangssprachlichen Bereich. Er meint Aufkündigung einer Freundschaft, Vermeidung der Begegnung, also ein Handeln in der privaten Sphäre. Mehr ist ihm lexikalisch nicht abzugewinnen. Verblaßt ist die große Vergangenheit, die sich durch dieses Wort in Erinnerung bringt. Das ist einmal die Absage in der Taufliturgie, die abrenuntatio diaboli. Dann aber das, was im Mittelalter der Fehdebrief war, das Element einer Rechtswahrung. Absage bedeutet die offene Ankündigung eines Rechtsstreites, der nun nicht mehr heimlich und heimtückisch, sondern regelentsprechend und persönlich auszutragen ist.

Dieser Begriff hat in der bürgerlichen Gesellschaft seine Vergangenheit verloren und dadurch an Gewicht und Bedeutung. Er ist damit frei zu neuem Gebrauch. Er gewinnt seine Bedeutung durch unser Handeln, daß wir mit ihm eine uns elementar angehende Entscheidung bezeichnen. Gerade weil Absage nicht ideologisch aufgeladen ist, kein Reizwort ist, hat es die Chance gehört zu werden.

Wenn eine Absage erteilt wird, dann bleibt immer offen, was damit angesagt sein soll. Die Absage deckt immer nur den halben Tatbestand auf. Es wird Verwahrung und Verweigerung angezeigt, aber um eines besseren Rechtes und gerechterer Verhältnisse willen, insofern ist sie eine paradoxe Intervention. Die Negation erfolgt im Dienst einer Bejahung, die Absage steht im Zeichen einer Zusage. Als Handlungsanweisung bedeutet sie ja zunächst Abbruch einer Beziehung, Abkehr von gängigen Normen, dieses Verhalten aber bedarf einer Legitimation. Diese liegt nicht im absagenden Handeln selbst, sondern in dem, welchem damit Geltung verschafft werden soll

Christa Wolf hat in ihrer Schillerpreisrede ausgesprochen, worum es ihr dabei geht: „... realistisch handeln diejenigen, die zwischen den zum Zerreißen gespannten feindlichen Polen unbefangen (aber welch Wunder ist heute Unbefangenheit!) ihren Lebenswillen demonstrieren und dabei und dadurch ihre Lebens*fähigkeit* erzeugen ... Wobei darauf zu achten wäre, daß der Entzug der Droge ‚Verteufelung des Feindes', womit ja zu beginnen wäre ... daß dieser gewiß anstrengende und beunruhigende Entwöhnungsvorgang nicht *zu* anstrengend, *zu* beunruhigend würde ... Daß nicht die Faszination durch den Abgrund die lästige Mühe, nüchtern und rational die Fülle der unerledigten Probleme anzugehen, überwältigte." (Zitiert nach Chr. Wolf „Die Dimension des Autors" II, Berlin 1986, S. 234 f.)

Hier wird der Kern des Problems angesprochen. Es geht um den Nachweis, daß wir überhaupt leben wollen und lebensfähig sind. Das ist offenbar nicht so sicher, wie es zunächst scheint. Es gibt ja so etwas wie die Faszination des Abgrundes, oder, wie sie an anderer Stelle sagt, die womöglich fehlgelaufene Evolution des Menschen, weil offenbar die Lustbefriedigung an den Zerstörungsdrang gekoppelt ist (Chr. Wolf: Störfall). Wie aber kann Leben verteidigt werden, das von der Droge „Verteufelung des Feindes" abhängig geworden ist? Absage wäre hier vergleichbar mit dem Versuch eines Trinkers trocken zu werden.

Christa Wolf inszeniert dramatisch das Problem – wenn das zutreffend sein sollte – denn es geht bei der Absage um mehr als nur eine moralische Entscheidung. Es steht die Fähigkeit des Menschen zum Leben überhaupt auf dem Prüfstand. Noch einmal, wenn die Kassandra von heute recht haben sollte, dann ist das unsere Situation, in der wir dem gekreuzigten und auferstandenen Jesus Christus begegnen. Und in seiner Nachfolge zu stehen hieße, den Erweis der Fähigkeit zum Leben zu erbringen. Und damit Anwalt des Lebens zu sein, für das Jesus Christus der Bürge ist. Absage an Praxis und Prinzip der Abgrenzung ist ein Zeichen des Lebenswillens.

Hans Jochen Tschiche

Horizonte unserer Kirche

Die christliche Botschaft wird in der frühen Christenheit als eine Botschaft für alle Völker verstanden. „Wandert nun und laßt Jünger werden alle Völker" (Matthäus 28, 9). Und sie interpretiert diese Völkerwelt als die Schöpfung Gottes (Markus 16, 9). Wir befinden uns an der Nahtstelle, an der aus der spätjüdischen Sekte die früh-christliche Kirche wird. Sie rechnet jetzt mit einer weitergehenden Geschichte ihrer religiösen Gemeinschaft und der ganzen Menschheit. Ursprünglich hatte sie mit einem Ende der Geschichte gerechnet. Das Reich der Himmel sollte kommen. Dabei blieb sie längere Zeit, auch als sichtbar wurde, daß das Reich ausblieb. „Und das Evangelium vom Reich wird verkündigt der ganzen Ökumene für alle Völker. Und dann wird das Ende kommen" (Matthäus 24, 14). Die Geschichte bis zum Ende wurde prolongiert, aber das Ende bleibt die Erwartung. Ursprünglich dachten die Christen an den Abbruch der Geschichte, jetzt denken sie an den Umbruch der Geschichte.

Wir wollen hier nicht erörtern, daß das auch die Stelle ist, an der die Herrschaftsansprüche des Christentums in der Geschichte entstanden sind. Wir wollen vielmehr die Einsicht bedenken, daß alle Völker als die Glieder der einen Schöpfung verstanden werden. Und die Ansage des Zukunft eröffnenden Lebens – also das, was das Wort Evangelium meint – hängt jetzt mit dem Fortbestand dieser Völkergemeinschaft zusammen.

Wenn der bewohnte Erdkreis als die Schöpfung Gottes proklamiert wird, dann werden die Völker als die gleichberechtigten Glieder der einen Menschheit verstanden. Gleichberechtigung ist ein emanzipatorisches Handlungsfeld, das die Unterdrückung von Völkern durch die Völker ausschließt. Gleichberechtigung wird nicht durch Ausgrenzung und Abgrenzung erreicht. Eine neue Qualität in der menschlichen Geschichte wird nur erreicht, wenn eine bis dahin gültige Qualität abgelöst wird. Das neue geschichtliche Bewußtsein der frühen christlichen Kirche bestand darin, daß sie den religiösen Partikularismus durch eine universale Religion ablöste.

Dabei waren die urspünglichen Handlungsmuster dieser Ablösung nicht gewalttätige Politik, sondern die Veränderungen innerer Grundüberzeugungen durch prophetisches Reden und zeichenhaftes Handeln. Als sich die Kirche der politischen Gewalt öffnete, wurde die Abgrenzung ein Zeichen christlicher Kultur und gewalttätiges Vorgehen gegen ausgegrenzte Menschen und Kulturen eine Grundregel dieser Kultur. Unter den Bedrohungen unserer Zeit wird klar, daß die Zukunft der Menschheit davon abhängt, ob wir in der Lage sind, ein neues politisches Handlungsmodell zu entwickeln. Zu dessen Voraussetzung gehört, daß die Völker sich als gleichberechtigte Glieder der einen Menschheit anerkennen. Dann verbietet es sich, die Austragung von Konflikten so zu gestalten, daß man den Konfliktpartner vernichten will.

Gesellschaftliches und politisches Handeln kann sich dauerhaft nur ändern, wenn das Verhalten der einzelnen Menschen sich ändert. Tuet Buße – also verändert euer Verhalten, ist der Ruf, der mit dem Evangelium erklingt. Die zeichenhaften Geschichten, die die neutestamentlichen Schriften aufbewahren, sind Grenzüberschreitung einzelner Menschen innerhalb einer Kultur. Die Verletzung von Abgrenzungsregelungen in der spätjüdischen Gesellschaft wird praktiziert und als Konsequenz der Nachfolge Jesu beschrieben. Hier wird also die Emanzipation für die Schwachen, für die Andersartigen der Gesellschaft betrieben. Die Aufhebung der innergesellschaftlichen Ausgrenzung hängt mit der Aufhebung der Abgrenzung gegenüber anderen Gesellschaften zusammen.

Ausgebreitet wurde der christliche Glaube in dieser frühen Zeit durch Wanderprediger. Das ist nicht zufällig und hat in unserem Zusammenhang eine symbolhafte Bedeutung. Nur wer sich bewegt, wird etwas bewegen, nur wer sich bewegen darf, wird an den Bewegungen der Zeit teilhaben. Wo Menschen in ihrem Bewegungsraum eingeschränkt werden, sollen Veränderungen verhindert werden. Grenzüberschreitende Begegnungen, an denen alle teilhaben können, befördern den Abbau der Ideologie der Ausgrenzung und der Abgrenzung.

Eine Kirche, die die Welt als Ökumene der Menschheit sieht, Verwandlung der Herzen fordert, damit dem Schwachen Raum gegeben wird, und Bewegung als Voraussetzung von Begegnung und Veränderung betrachtet, muß in der DDR auf folgendes achten:

1. Sie kann nicht in die Rolle eines Betriebes schlüpfen, weil sie sich so Regeln unterwirft, die sie direkt oder indirekt zum Helfershelfer eines Staates machen, der die Bewegung seiner Bürger einschränkt und Abgrenzung betreibt. Sie ist eine Kirche der grenzüberschreitenden Versöhnung und nicht der Abgrenzung.
2. Sie wird sich nicht an Spielregeln halten, die die Macht der Starken festigen und die Schwachen in Abhängigkeit halten. Sie ist eine Kirche für die Schwachen und nicht Helfer von Unterdrückern.
3. Sie wird das Privileg kirchlicher Dienstreisen in unserem Staat kritisch bedenken. Sie ist Kirche für alle und nicht Privilegienempfänger für wenige.
4. Sie wird sich für die freie grenzüberschreitende Begegnung aller einsetzen und bezeugt so einen Weg, der die Schöpfung erhält. Sie ist Kirche für Frieden, Gerechtigkeit und Bewahrung der Schöpfung und nicht Teilhaber an lebensfeindlichen Spielregeln.

Erfahrungen

Rainer Roepke

Wirkungen praktizierter Abgrenzung auf die Persönlichkeit

Abgrenzung: Da ist er, der Begriff, der in mir so viel auslöst, den ich – nicht nur seinen Inhalt – fast körperlich erlebe. Nicht nur erst seit Monaten, und bei weitem nicht nur ich. Mit diesem Wort und seiner dafür stehenden Tatsache muß ich, möchte ich auch umgehen.

Da fühle ich mich gedrängt und von anderen auch genötigt, diese Vokabel zu erklären: „Auch ‚Abgrenzung' ist definitorisch abzugrenzen, wie wäre sonst Verständigung zwischen uns möglich"; die Bedrängung durch so oft so viel Wissende.

Und dann dämmert die Resignation: Ich erinnere mich der Gespräche mit Ängstlichen und Opportunisten und Verzagten und Taktikern und Verbitterten und Ignoranten und alles in einem, wer kennt das nicht. Irgendwann gab es dort auf einmal das Gespräch nicht mehr, und schlimmer: Es war das hilfreiche Denken über anzustrebende Veränderung nicht mehr spürbar.

Aber das kann es doch nicht gewesen sein. Ich kann doch nicht zwangsläufig an diesem Punkt mit meiner Unklarheit, meinem Suchen allein zurückbleiben. Ich muß doch nicht auch hier sozusagen mit den Unveränderbarkeiten meiner Umwelt selbst fertigwerden, lernen, angepaßt Glück zu erleben. Ich muß doch nicht auch hier Unruhe und Unzufriedenheit sublimieren, besser: selbsterklärend und – bescheidend auflösen.

Real hier und heute existierende Abgrenzung, was immer wir auch darunter verstehen, definiere ich an dieser Stelle bewußt nicht. Ich halte mich aber an unsere gemeinsame Erfahrung.

Denke ich also weiter!

Häufig wird an dieser Stelle der Wunsch laut, es möge doch die Psychologie als Wissenschaft vom Erleben und Verhalten des Menschen etwas sagen, wie Abgrenzung sich auf ein Volk krankmachend, deformierend, fehlverhaltend auswirkt. Und dann steht der Psychologe da und muß zugeben, daß wissenschaftliche Ergebnisse entsprechend methodisch korrekter Untersuchungen nicht vorliegen, daß er spekulieren müßte, könnte und damit aber nur in unseriöser Weise lediglich die Zahl unreflektierter, vielleicht auch von Dummheit, Ablehnung, Boshaftigkeit oder Neid geborener Vorurteile vermehrte.

Da sieht es mit den Untersuchungen von Wirkungen einer Umwelt (ihrer Maßnahmen) auf den Einzelnen schon besser aus. Aber trotzdem! Auch hier gilt: Die Wirkung von „Abgrenzung" ist methodisch sauber noch nicht untersucht, zumindest sind entsprechende Untersuchungsergebnisse nicht publiziert. So möchte ich, weil ich es für legitim halte, weil ich es für mich, für meinen Bewältigungsprozeß für legitim und hilfreich halte, wenigstens etwas von dieser Wirkung beschreiben und Beschreibungen vorsichtig interpretieren. Ich möchte nicht anklagend, sondern forschend erfühlen, was mich bewegt, wenn ich von Abgrenzung höre oder sie erlebe. Ich möchte einmal zu formulieren versuchen, was ich an mir, an anderen wahrzunehmen vermeine, wenn wir auf Abgrenzung stoßen.

1. Durch die Tatsache, abgegrenzt zu sein, zu werden, bin ich eingeengt, isoliert, zumindest teilisoliert. Ich nehme wichtige Umwelt nur in Verzerrung mittelbarer Information wahr, möglicherweise in nicht mehr gleicher und damit mißverständlicher Sprache, und kann mich und mein Verhalten nicht im Bild anderer sehen und relativieren. Mein Spiegel, mich im Erlebnis anderer zu spüren, ist nur ein Scherben. Diese Wahrnehmung läßt mich betrogen fühlen, hinterläßt den Eindruck, mir werde etwas ungerechterweise, gewalttätig, mich entmündigend vorenthalten, die Erkenntnis der Ohnmacht springt mich an. Ich möchte mich doch vielseitig, wenn nicht gar allseitig, kennenlernen, mein Leben selbstgesteuert bewegen und gestalten. Ich möchte doch nur meine Identität suchen dürfen, sie vielleicht finden, um sie dann, wenn möglich, zu verwirklichen. Aber Abgrenzung hindert mich, betrügt mich um diese Chance. Mein Ziel, einmal lebenssatt sterben zu dürfen, für mich eine frohmachende Hoffnung, die auch meinen Lebenshunger bejaht, wird mir von anderen in unerreichbare Ferne gerückt. Denn lebenssatt, auf dem Weg täglichen Erlebens des Überwiegens von sozialer Befriedigung gegenüber entsprechenden Frustrationen, kann ich nur werden, wenn ich meine Identität suchen durfte, sie gefunden habe und sie verwirklichen darf. Und ganz nebenher entwickelt sich dann noch ein Nebeneffekt: Ich werde mutlos. Ich kann ja nichts

ändern, bin ausgeliefert, ich werde gesellschaftlich inaktiv: Es ist ja alles sinnlos, ich werde sozial phantasielos und sehe mich nicht mehr zu Leistung bereit (spätestens hier wird es eigentlich auch ökonomisch knallhart).

2. Aber noch anderes bewirkt diese Isolation in mir. Meine Urteile über andere Menschen, Staaten und Kulturen bleiben zwangsläufig animistische Vorurteile. Meine Haltungen und vielleicht auch Verhaltensweisen sind geprägt von Überheblichkeit einerseits und Unterwürfigkeit andererseits – ein typisches Zeichen für Desorientierung hinsichtlich der eigenen Wertigkeit als Folge fehlenden Maßstabes. Wie ist es dann aber um meinen Selbstwert, meine Partnerfähigkeit und meine Friedensfähigkeit bestellt, wenn ich Schwierigkeiten habe, den anderen unmittelbar zu erleben, vom Roß der Dünkelhaftigkeit herabzusteigen beziehungsweise mich aus der Bauchlage zustimmungs- und almosenheischender Kleinmacherei zu erheben? Ich möchte stolz auf meine Heimat sein können und diesen Stolz mit anderen prüfen und teilen können, und nicht denen Recht geben müssen, die mir – möglicherweise sich selbst und ihre Unzufriedenheit überspielend – genüßlich meine Defizite vorhalten, die ich in der Abgrenzung spüre.

Und ich möchte weniger reif für Manipulatoren sein!

3. Im täglichen Erleben der Abgrenzung gibt es aber auch noch anderes Verunsicherndes oder gar mich Beleidigendes. Da zeigen sich Löcher, weiche Stellen werden sichtbar. Wunderbar! Es lockert sich, sagt mein Gefühl, und dem Verstand werden die Spielregeln deutlich, die in entsprechenden, jedem zugänglichen Verordnungen formuliert sind. So weit, so gut, aber da kommt als anderes eine rational unerklärliche Genehmigung, das immer mal wieder auftauchende Wort „Sonderregelung“. Und da setzt bei mir Schlimmes ein:

- Wie muß ich mich verhalten, um zu dieser zu gelangen?
- Was muß ich in Konkurrenz zu anderen Mitbewerbern tun?
- Mein Rechtsverständnis, schlimmer: -gefühl, gerät aus den Fugen.

Ich stütze mich auf Rechte und Pflichten. Aber da scheint noch etwas anderes möglich, etwas, was da außerhalb des Rechts ungerecht sein kann. Das beleidigt mich, macht mich krank, wütend, läßt mich die für diese Situation Verantwortlichen nur schwer lieben, auch wenn sie ja meine Nächsten sind, läßt mich ihren Worten nicht glauben, ihre Vorschläge nicht annehmen. Und mich schleicht der böse Gedanke an, wenn es rechtlosen, nicht durch Recht legitimierten Raum gibt, warum soll ich mir diesen nicht zu meinem Vorteil auch

an anderer Stelle erweitern, wie soll ich mir angesichts von „Sonderregelungen“ und der Nicht-Durchschaubarkeit ihrer Anwendung meinen Respekt vor dem Recht bewahren?
4. Und dann die Differenz zu meinen unmittelbaren Mitmenschen. Da gibt es private und Dienstreisen, deren Genehmigungsverfahren nicht durchschaubar sind. Welche Verführung zu Geheimniskrämerei, zu Neidgefühlen, zu Bagatellisierungsversuchen. So unerwachsen behandelt zu werden und andere agieren zu sehen, ist bitter und läßt einen Entwicklungspsychologen an der natürlichen Sozialisation zweifeln. Oder steckt gar das alte Prinzip: Teile und Herrsche dahinter? Ein für mich zu schrecklicher Gedanke, um ihm überhaupt Raum geben zu können.

Das waren nur einige wenige Erfahrungen und Gedanken. Was lösten sie nun an Gefühlen aus? Lassen wir Revue passieren:

Unklarheit, Unruhe, Unzufriedenheit, Eingeengtheit, Isolation, Entmündigtsein, Betrogensein, Beleidigtsein, Ohnmacht, Unsicherheit, Neid.

Wahrlich, in dieser Aufzählung sind keine sozial hilfreichen, individuell positiv empfundenen und damit voranbringenden Erlebnisweisen geschildert. Und wenn ich nun die positiven Gefühle zu formulieren versuche? Ich finde keine, das ist subjektiv, aber mir fällt nichts ein, ich habe sie in diesem Zusammenhang weder bei mir gespürt, noch bei anderen wahrnehmen können.

Vorsichtigerweise will ich einräumen: Ein Begriff, eine Tatsache, die aus politischer und ökonomischer Notwendigkeit geboren wurde, sollte vielleicht nicht nach ihrer psychischen Auswirkung untersucht werden. Aber, dienen Politik und Ökonomie nicht ausschließlich den Menschen? Dann ist es richtig, wenn ich sage: Die Tatsache der Abgrenzung belastet und quält. Dies darf nicht endgültig deprimieren. Nein, ich sehne mich nach Änderung und möchte tätig sein. Ich wende mich gegen Praxis und Prinzip der Abgrenzung und wünsche, daß Menschen, die ähnlich fühlen und erleben wie ich, gleiches wollen. Begegnung darf nicht eingeschränkt, ihre Modalitäten hingegen müssen durchsichtig geregelt werden.

Ludwig Drees

Aus der Isolation zu Wegen der Identifikation

1. Die Wunde

Der Antrag kam im richtigen Augenblick. Seine Herausforderungen gehen uns alle an. Wir spüren, daß etwas angerührt wird, das uns in der Mitte bewegt und das wir bis jetzt dennoch verschwiegen haben. Es ist die stumme Wunde unseres Lebens in diesem Lande.

Der Synodalantrag fordert volle, rechtlich garantierte Wiederherstellung der Reisefreiheit in andere Länder für jedermann, besonders in westliche Länder und nach Polen; Aufhebung der Einreiseverbote (auch bezüglich ehemaliger DDR-Bürger); Abschaffung von dienstlich verordneten Westkontaktverboten und Meldegeboten; schließlich eine öffentliche Diskussion über die ideellen und materiellen Schwierigkeiten, die mit einer solchen tiefgreifenden Veränderung zusammenhängen.

Damit legen die Antragsteller die Hand in die Wunde der Abgrenzung und Selbstisolation unseres Staates, der glaubt, seine Bürger hinter einer Mauer zurückhalten und ihnen die elementaren und geistigen Kontakte zu anderen Ländern verbieten oder erschweren zu müssen. Die Folge der Isolation ist die Störung der Weiterentwicklung einer ganzen Gesellschaft. Die Einschränkung der Reisefreiheit und Westkontakte als Teil des unsere Gesellschaft durchsetzenden Abgrenzungsprozesses ist symbolisch für die Einengung geworden, für die ängstliche Unbeweglichkeit und Vermeidung innergesellschaftlicher Konfrontation und Vielgestaltigkeit. Unser Leben ist in der Einengung eintönig privatisiert, dumpf und provinziell geworden, ganz im Gegenteil zur scheinhaften Demonstration millionenfacher Mitwirkung im öffentlichen Leben.

2. *Verleugnung*

Eigentlich wissen wir schon seit Jahren, daß uns die Abgrenzung kaputt macht. Wissenschaftlich und technisch zurückgeblieben, in den Fähigkeiten zu demokratischer Mitwirkung verkümmert und mit kleinbürgerlich verengtem ästhetisch-kulturellem Horizont haben wir unser Selbstgefühl klein und unmündig gelassen. Aber wir haben uns lange in einer eigenartigen Verleugnung der Wirklichkeit damit abgefunden. Wir fanden das alles normal. Wir ließen uns die Westkontakte verbieten und unterschrieben gehorsam den Verzicht. Wir stellten keine Reiseanträge und forderten nichts mehr ein. Wir nahmen Reiseerleichterungen als großzügige Geschenke dankbar hin; und niemand hat gegen die Beleidigung protestiert, daß man erst als Rentner reisen durfte. Wir ließen uns die nachträgliche Rechtfertigung des 13. August gefallen, als sei ein „antifaschistischer Schutzwall" vielleicht doch berechtigt und als könne man damit das Reiseverbot und den Schießbefehl gegen flüchtende DDR-Bürger rechtfertigen. Niemand hat öffentlich gesagt, daß es nur *einen* wesentlichen Grund für Reiseverbote und Schießbefehl gegeben hat, nämlich den, die Bürger daran zu hindern, die DDR zu verlassen, die Furcht vor einer Massenflucht. Die Anpassung war und ist erstaunlich. Sicher haben wir im privaten Kontakt geklagt, genörgelt und gewitzelt, aber die Fesselung dann doch akzeptiert.

Wir gingen in dieser Verleugnung schließlich so weit, daß wir die staatliche Ideologie der Rechtfertigung übernahmen und sogar in die Christlichkeit transformierten, nämlich, daß der Wunsch, die DDR zu verlassen, unmoralisch sei; wir gingen so weit, moralisierend zu sagen, daß ein Christ nicht ausreisen dürfe; ein Christ müsse auf dem Platz bleiben, auf den ihn Gott gestellt habe. Ausreiseantragsteller wurden kirchlich zwar caritativ unterstützt, als Heizer eingestellt und so weiter, aber doch moralisch diskriminiert, wie es auch außerhalb der Kirche von staatlicher Seite und im lebensweltlichen Gespräch der Leute zu hören war: der habe hier doch alles gehabt, er habe doch auf Kosten des Staates studiert, er habe selbst Schuld. Nicht die Hierbleibenden hatten das Problem, die „Krankheit", das „Isolationssyndrom", sondern den Ausreisern wurde das Versagen, die „Krankheit" zugesprochen; sie würden mit ihren Problemen nicht fertig, die sie ja ohnehin mit nach dem Westen nehmen würden; sie ließen sich durch das Wohlleben verführen. Letzten Endes erschien der Ausreiser aus unserer verleugnenden Sicht wie ein Psychopath. Und das ist das Schreckliche, daß die Ausreiser schließlich tatsächlich in eine Außenseiterrolle gedrängt werden, in eine eigenartige Politszene, in der sie wirklich unbeirrbar anders denken als die Bleibenden und ihre abgelöste soziale Entwicklung nehmen.

Die Verleugnung betrifft auch Deutschland. Die Grenze geht durch Deutschland und durch uns. In uns rivalisieren das Bedürfnis nach eigener staatsbürgerlicher Identität und das Bewußtsein von der historischen Überholtheit staatlicher Abgrenzungen in Europa; im Hintergrund aber lebt eine heimliche Liebe zu Deutschland, in der Vorstellung der Zugehörigkeit zu Deutschland als Nation. Unser Verhältnis zu Deutschland ist dadurch ambivalent. Wir sind Deutschland und sind es nicht. Die Reisenden und Emigranten gehen von einem Staat in den anderen, aber sie gehen auch von Deutschland nach Deutschland. Im Prozeß der Abgrenzung wurde Deutschland tabuisiert. Im Bewußtsein der Menschen gibt es aber weiterhin das besondere Zusammengehörigkeitsgefühl zwischen Ost und West, trotz Anerkennung der doppelten Staatsbildung. Niemand erlebt Westdeutsche als Ausländer. Im östlichen Ausland schämen wir uns wohl des überheblichen Auftretens mancher Westdeutscher, eben weil sie Deutsche sind. Ich merke, wie schwer es mir fällt, so oft „Deutschland“ zu schreiben; ich komme mir vor, als ob ich etwas historisch Überholtes oder wenigstens etwas Verbotenes denke. Ich glaube, daß wir dieses Problem unter dem Druck der historischen Ereignisse weggesteckt haben, ohne damit fertig zu sein. Wir haben mit der Mauer diesen Konflikt verleugnet und ausgegrenzt.

3. *Die innere Abgrenzung*

Die Mauer, das sichtbarste Symbol der Abgrenzung, hat nicht nur die Bedeutung der Grenzsicherung nach außen, der Isolierung unserer Gesellschaft von anderen Ländern und Völkern, sondern dahinter zeigt sich als wesentliche Ursache für die äußere eine innere Abgrenzung. Immer wenn wir unsere Verleugnung und alle gesellschaftlich harmonisierende Schönfärbung einmal durchstoßen, sehen wir diese Grenze zwischen Bevölkerung und Staat, die von einem tiefen gegenseitigen Mißtrauen bestimmt ist. Es ist klar, die Mauer wurde „von oben“ aufgezwungen, ein Willensbildungsprozeß in der Bevölkerung *für* Abgrenzung hat nie stattgefunden. Man stelle sich eine Volksabstimmung dazu vor. Die Mauer wurde uns oktroyiert. Ihr

Hauptsinn ist, die Flucht der Bürger zu verhindern; ein anderer, die Beziehungen der Bürger, die sie nach „draußen" haben, zu kontrollieren, denn die Leute bringen von den Reisen in ihren Köpfen Sprengstoff mit, die Anschauung anderer Lebensformen, die Ferne und die Weite, den großen freien Spielraum, als eigentliche Herausforderung für unsere enge gesellschaftliche Lebensweise.

Wenn ich nach den Gründen für das Ausweichen der Bürger aus unserem gesellschaftlichen Zusammenleben frage, stoße ich auf die Identitätsdiffusion des Staatsbürgers, der sich in wesentlichen Entwicklungen mit den Vertretern des Staates und der Staatspartei nicht mehr in Übereinstimmung befindet. Es ist die mangelhafte Identifikation der Bürger mit „ihrem" Staat, einem System, das sie in vielen Dingen als aufgesetzt und lebensfremd empfinden, das sie oft an selbständiger Entfaltung ihrer Fähigkeiten hindert, das sie mit dogmatischer Ideologiebildung einengt, ein System, das wirkliche Wahlen ausschließt und all diese Schwierigkeiten hinter der Emphase der Einheit, der totalen Zustimmung aller und der großen Erfolge öffentlich verbirgt.

Die entscheidende Abgrenzung ist die zwischen Bevökerung und Staatsvertretern in unserem eigenen Land. Das umgreifende Thema heißt also: Überwindung der Abgrenzung zwischen Staat und Bevölkerung. Wenn das gelungen wäre – kann man es sich vorstellen? –, wäre eine Mauer überflüssig, würde eine gewöhnliche, gut-nachbarliche Grenze wie zwischen anderen Ländern möglich sein. Wenn die Grenze zwischen Volk und Staat durchlässiger wird, braucht der Staat den Einfluß anderer Gesellschaften auf die Bürger nicht mehr zu fürchten.

Die innere Grenze verläuft aber nicht nur zwischen Menschengruppen, also zwischen Staat und Volk, sondern auch durch uns selbst, die wir ja oft beides sind, Vertreter von Institutionen, Mitarbeiter in Betrieben, selbst Staatsfunktionäre – und gewissermaßen Dissidenten andererseits, daß heißt Distanzierte, Protestierende, Reformwillige, die Einengung Verweigernde, innere Emigranten oder Resignierte; ja, was sind wir eigentlich? So leben wir in einer Gespaltenheit, doppelgleisig; wir haben die Abgrenzung verinnerlicht.

4. Weitergehen

Es fehlen klare Modelle, wie man die innerstaatliche Abgrenzung überwinden könnte. Wir ahnen, daß große Veränderungen notwendig sind. Eine wesentliche Ermutigung kommt von zwei Seiten; einerseits von Maßnahmen und Verhaltenskorrekturen unserer Regierung: Reiseerleichterungen bis zur massenhaften Reisewelle, Lockerungen auf dem Problemfeld der Meinungs- und Veranstaltungsfreiheit: gewiß, dies alles geschieht punktuell, gewissermaßen willkürlich, schwer durchschaubar, aber es könnte ein Anfang sein, oder ein Test und damit eine Vorbereitung für gesetzliche Veränderungen. Andererseits kommt der Aufwind aus der Sowjetunion Gorbatschows unter den entscheidenden, visionär gewordenen Zielstellungen der Öffentlichkeit und Demokratisierung. Das sind staatliche Maßnahmen zur Überwindung der inneren Abgrenzung.

In welche Richtung müßte man weitergehen?

1. Wir sollten im Rahmen der jetzt schon bestehenden Möglichkeiten reisen und die Beziehungen zu Menschen anderer Länder, insbesondere zu den Westdeutschen, vertiefen, ausbauen; Kontakte zwischen Ost und West, aber auch andere internationale Kontakte, so gut es geht leben und gestalten.
2. Wir müssen aufhören, die äußere Abgrenzung in all ihren Schattierungen, vor allem aber die Reisebeschränkungen unwidersprochen zu akzeptieren. Reisen muß wieder als Recht jedes Bürgers anerkannt werden. Ich glaube, wir haben hier wirklich etwas einzufordern. Wir müssen die staatliche Seite zu großzügiger Aufklärung über die geplante Entwicklung und einer umfassenden öffentlichen Diskussion über die Vielzahl der Probleme der Abgrenzung und der Reisebeschränkungen drängen. Die Bürger und Staatsvertreter sollen die öffentliche Kontroverse und Verständigung nicht länger verschieben, denn der jetzige Zustand fügt unserer gesellschaftlichen Entwicklung und der Verständigung zwischen Ost und West schweren Schaden zu. Wir müssen über diese Dinge laut reden, und wieder neu darüber reden, auch wenn die staatliche Seite zunächst zögert. In diesem Sinne ist es auch richtig, daß die Kirchen das öffentliche Schweigen brechen und sich die Forderungen des vorliegenden Antrages zu eigen machen, sie diskutieren, bearbeiten und veröffentlichen.

3. Es ist nötig, das Verhältnis zu den Ausreiseantragstellern zu entkrampfen. Wir müssen uns für ihre volle Gleichberechtigung einsetzen. Wenn Ausreisen nicht erlaubt oder diskriminiert wird, ist auch die Würde und Freiheit der Hierbleibenden angetastet.

4. Wir müssen auf die Aufdeckung und Aufklärung unserer wirklichen Schwierigkeiten hinarbeiten. Dazu ist mehr grundsätzliche Offenheit von seiten der Behörden und der Bürger notwendig; das heißt also: mehr „Leben in Wahrheit“ im Sinne von Václav Havel.

Die Vertrauensbildung *in* unserer Gesellschaft kann nicht die Form von ideologischen und ritualisierten, oft genug aufgenötigten Bekenntnissen und klischeehaften Zustimmungen haben, wie sie bereits in Kindergarten und Schule eintrainiert werden, sondern muß in freier Zusammenarbeit mit staatlichen Vertretern und Institutionen mit dem Ziel der gemeinsamen, vorurteilslosen und endlich undogmatischen, sachlichen Suche nach Fehlern im gesellschaftlichen Leben und ihrer Überwindung bestehen. Dazu müssen zentralistische Zwänge von staatlicher Seite drastisch zurückgenommen werden, damit ein konstruktiver Dialog mit Aussicht auf Veränderungen möglich ist. Es muß wieder Spielräume geben für eigene neue Positionen.

Das Ziel ist, daß alle Beteiligten das Gefühl gewinnen, daß sie mit ihrer persönlichen Kraft, mit dem Verströmen ihres Lebens in Arbeit und Gesellschaft etwas Sinnvolles bewirken, und zwar auch die staatlichen Funktionäre; denn ich habe immer wieder den Eindruck, daß die Identitätsdiffusion und der Sinnverlust nicht nur von den Bürgern erlebt wird, sondern ebenso von den Trägern staatlicher Macht, so daß wir auf dieser Ebene eine große Gemeinsamkeit haben, die wir uns nur nicht zugestehen, schon gar nicht in der Öffentlichkeit. Vielleicht sollten wir die Staatsvertreter erst einmal ermutigen, mit uns gemeinsam über Enge und Abgrenzung zu klagen. Ich empfinde stark, daß besonders an dieser Stelle noch vieles offen bleibt und das eigentliche Nachdenken erst zu beginnen hat.

Literatur

Adolf Endler

SCHROLLZ ODER SCHRUNNZ EINE NOTIZ

Postträume des nunmehr greisen Verfassers auch im dritten Jahrtausend noch, von der Qual langen Wartens auf bestimmte (leichtsinnigerweise vorher angekündigte) Briefe genährt, Träume von verschwundener, verwechselter, verstümmelter Post, Träume von tonnenweise vernichteten Briefen, Päckchen, Telegrammen sogar, zerwehend im Wintersturm und niederholz-wärts, aufweichend im Frühlingsregen, mit den Unwirtlichkeiten einsamer Müllhalden, trostloser Krematorien oder Abdeckereien vermählt ... – // – Bitte, diesem Passus nachträglich noch die Widmung voranzustellen: Mit einem als haderlumpenhaft empfundenen Zickezacke an den unbekannten Postsachverständigen Reißwolf, welcher ein Drittel meiner Briefschaften frißt! – // – Träume eines Bürgers von Devils Lake/ North Dakota, wo man – wie andernorts auch – von Seiten der Behörden Briefschaften prinzipiell zunächst einmal als „Sicherheitsrisiken“ einschätzt; oh wie ich das kenne!, seit dreißig/vierzig Jahren bereits mit solcher auf die Dauer jegliche Psyche deformierenden Erfahrung mehr als genügend bedient! Denn war es in meinen späteren DDR-Jahren sehr viel anders? Setzte die weltweite Dämonisierung auch der schlichtesten Brieffreundschaft nicht in den Jahren meiner Mannesreife schon ein? – Seht nur, von Norden beziehungsweise Nordosten her naht sich, es dürfte der Herbst 82 sein, der Pankower Maler Bernd „Makarenko“ Butter, seine Fingerspitzen wie auch das Haupthaar heftig belebt und malerhaft bunt, ein Mensch des pastospastoralen Vorbeigehens seinem Wesen nach, heute jedoch für eine Minute zu verharren bereit, um sich an der Ecke Dimitroffstraße/ Schönhauser bei dem Verfasser über das allzu lange Ausbleiben jeglicher Post zu beklagen (zum Beispiel aus Devils Lake): „Mein Postbearbeiter scheint seinen Jahresurlaub genommen zu haben, seit dreieinhalb Wochen kriege ich nicht einmal mehr eine Ansichtskarte ... *Oder ob es etwas Ernsthaftes ist?*" – Sonderbare Worte für mich schon damals lange nicht mehr! Auch für den Verfasser blieb bereits in den Siebzigern und Achtzigern während der Ferienmonate regelmäßig drei bis vier Wochen lang die Post so vollständig aus, daß es etwas beleidigend Gähnendes hatte, um mich galant auszudrücken; nicht minder bei Grippewetter, in den Tagen der sogenannten FRIEDENSFAHRT der Rennradler, oder wenn irgendein Staatsbesuch *anstand*, wie er bekanntlich den Großteil der Organe und ihrer Kräfte zu speziellen Formen der Spalierbildung ruft; dann aber auch, ich betone es: *jeden* Montag, was scherzhaft mit „Kreislaufschwierigkeiten" erklärt wurde – wessen?, das wagte man kaum noch zu fragen ... Ja, drüben in der „alten Heimat", in Prenzlauer Berg und im Stadtbezirk Mitte war es seit etwa 1970 der *Montag*, an den ich mich gewöhnen mußte als verläßlich *postlosen* Tag – in Devils Lake scheint es der weniger schreckliche Mittwoch zu sein –, während es für die übrigen Hausbewohner auch am Montag lohnend sein mochte, gegen Mittag ihren Briefkasten nicht nur zu streicheln, sondern ihn außerdem ernstlich zu öffnen. (Nebenher: Auch der Herr Verfasser hat Montag für Montag in seinem Briefkasten nachgesehen, zwanzig Jahre mit dem gleichen Ergebnis ...) Habe ich von „Gewöhnung" gesprochen?: Man gewöhnt sich niemals daran!, man fühlt sich nachgerade ungerecht behandelt, man fühlt sich mißverstanden, man schmollt – immer in Gefahr, Bekanntschaft mit dem legendären Herabwürdigungsparapraphen zu machen; „Makarenko" erging es nicht anders ... – „Und *das* bei 130 000 (in Worten: hundertdreißigtausend) Mitarbeitern im Post-und Fernmeldewesen", rief ich dem weiterschwankenden Farbenfaun hinterdrein, „wie sie allesamt am nächsten Sonntag ihren Ehrentag feiern ..." – „Was? Ist es denn schon wiede der vierzehnte Februar?", wandte er sich noch einmal mit seiner fliehenden Stirn zu mir um – und war verschwunden in der Dreifach-Schlange vor der legendären Würstchenbude KONNOPKES; die Inkarnation der Curry-Wurst-Gier, dieser Kollege Butter ... Manchmal wollte mir „Makarenkos" Völlerei als seelischer Ausgleich für die permanente postalische Unterernährung erscheinen, der wir beide seit einem Dezennium schon ausgesetzt waren – natürlich „ohne Nennung von Gründen". (Es galt als inopportun, ja, als unsozialistisch-flegelhaft, solche Erscheinungen überhaupt wahrzunehmen.) Denn auch auf dem Weg zu Bernd Butter, einem der DDR-Initiatoren der sogenannten „Mail Art" verrückterweise, gingen regelmäßig die besonders heiß erwarteten Briefe, vor allem aber zahlreiche der meistens verdächtig „abstraktionistischen" POSTKUNST-Sendungen lästerlich-lautlos verloren, „ungefähr ein Drittel, will mich bedünken", hatte mir der Maler in *angeheiterter Stimmung* erklärt, „und *das*, obwohl die Briefträger jetzt den schneidigen Ehren-Namen *Zusteller* tragen ..." – So war es in der Tat!, ein Tribut, dem feineren Sprachgefühl entrichtet, welches einem schon immer zugeraunt hatte: Brief-*Träger*?, klingt es nicht allzu fett?, ist es denn nicht viel mehr als das einfache dumpfe „Tragen", dem diese Leute sich opfern (oder auch nicht)? Freilich, auch die verbesserte Berufsbezeichnung blieb für meinen Briefkasten so folgenlos wie für den des Kollegen Butter: Montag für Montag stand ich verwundert und traurig mit leeren Händen und wachsender Post-Sucht, auf den Lippen jenen vorzeiten aktuellen Buch- oder Filmtitel: *Montags nie* ... Und ein Drittel meiner Post auch dienstags, mittwochs, donnerstags, freitags, auch sonnabends nicht: Wie viele herrliche Bücher und Zeitschriften (die Stephan Hermlin immer erhalten hat), wie viele Einladungsschreiben aus Brüssel und Toronto, wie viele Bitten um Mitarbeit, wie viele jener extrem intimen Briefe, aus denen sich ohne Weiteres schließen läßt auf die besonderen Perversionen, denen unsereiner obliegt! – verschollen im Irgendwo-Nirgendwo, versickert in den Ritzen des Post- und Fernmeldewesens, versudelt, versiebt ... Und daran änderte auch die wild gefeierte Ausrüstung der zentralen Post-Stellen mit dem griffig-formschönen und hoch-modischen ROLLFIXWÄGELCHEN nichts. – „Mit meiner Post scheint irgendwas nicht zu stimmen!", sagt man sich jahrelang; ich sage es mir bisweilen noch heute. – Und die diesbezüglichen Träume sind grauenhaft schrollz oder schrunnz, schreckschraubenförmig und guttural ...

Auszug aus:
SCHICHTENFLOTZ / PAPIERE AUS DEM SEESACK EINES HUNDERTJÄHRIGEN

Rainer Schedlinski

ein hündischer kleinstadtmorgen
weder schmutzig noch bunt
wäscheleinen & kaninchenställe & krähwinkel
konsum & schottersportplatz

antennen schlottrig auf den dächern
hollywoodschaukeln blicken sorglos über den zaun
findlinge an den rainen der äcker, geschwüre der letzten eiszeit
zwischen den hackfrüchten die knochen der toten von 1812 usw.

auf den rübenmieten liegen schamstreifen von schnee
rote & schwarze vögel kreisen wie märchenaussteiger
:da schachern metaphern

(wie die plumpen psychologischen anzüglichkeiten
in den botanischen theatern des 19. jahrhunderts)
& selbst die wolken am himmel wissen nicht wohin.

eines tages aber war kriegssonntag
& die gräber wurden gegossen
& theater dramatisierten
die menschen über die zeit

half das gefundene fressen
dem dokumentarischen vater
den sohn & dem sohn
ein asyl in den söhnen

in den gladiolen liegt
gärtners feierabend &
die fenster des ministeriums
darüber arbeiten sich schwarz
& gescheitelt die bleiche
architektur zu beiden
seiten der besucherritze
bäumt sich täglich
milde erpressung herüber
drehst du dich um
beschleicht dich von
hinten die einladung
zu einer vergewaltigung
verlockend wie der
wahnsinn der westen

stürzten die tage ein datum
fände ich blind denn ich lebe
in deutschland perpetuum
mobile wie ein wort dass
das folgende nachsichzieht

wortwörtlich in richtung
unerfindlicher bilder wie inter
nationalismen die spanischen
reiter am kalkweissen horizont
dieser klaren verhältnisse ach

liebstes megaherz in der black box
des stammhirns stürzen
die tage ein
datum

mit der nüchternheit eines hundes vergehen
auch die tage vergehen in der geometrie
des fleisches naturschauspiel an den ufern
dcs flusscs dic maucrn dcr ämtcr dic

möwen bleiben nicht fliehen nicht bleib
einen januar lang einen dezember &
noch einen augenblick unnachweisbar
in diesem namenlosen patent

amt des endgültigen impressionismus
terra incognita dieses gedicht
schrieb mir der fluss auf die stirn
um im bilde zu bleiben

wie eine öde jahreszeit kommt
sind mir die friedhofsportale der stadt
stockbeinig über die zeilen gestiegen
& das zeilengerippe, charlotte, ward satt

an der ankunft der stunden
die ich sass, im café, nach
dem du des passes blauen
himmel über uns aufschlugst

starb etwas vor der zeit
gegen mittag
im uhrzeigersinn

dacht ich an süden
kreuzten sich vier
himmelsrichtungen über mir

wieder erwachte ich hatte
den eisstock im rücken &
rauchte hörte im radio
sacharow aus gorki entlassen &
das aquarium gurgelte & gurgelte
& ich dachte
es arbeitet tag für tag &
bleibt wie es ist sinnlos
die fische zu zählen sie
schwimmen ohne woher
& wohin sollte ich gehen
um diese zeit stand ich auf
& ass die gefrorenen erdbeern

peter böthig

sprechen wir von uns

eine negation der negation von literatur

carl gustav jochmann, der livländische spätaufklärer, wußte bereits vor über 150 jahren: „der einzige preis, um den uns die wahrheit ihre orakel verkauft, heißt öffentlichkeit". er wußte aber auch, daß eine neue öffentlichkeit fordern heißt, eine neue gesellschaft zu fordern. das problem ist alt, so alt wie die aufklärung, und es hat im zeichen verwalteter kultur und mediengesellschaft noch zusätzliche dimensionen erhalten. es trifft wenn nicht ins herz, so in die leber der bestehenden verhältnisse. die leber aber sind wir, wie der dichter stefan döring sagt: „leber töterer liebe / leber töteren glaubens / leber töterer hoffnung". sprechen wir von uns, denn nichts ist tötender als sich selbst zu vergessen, zum beispiel im nachdenken über die kulturellen abgrenzungen, die uns als kulturpolitischer alltag begegnen.

gebeten um einen beitrag zu der vorliegenden mappe, notierte ich in mein notizbuch: abgrenzung ist der wunsch nach einer heilen welt. wenigstens im kleinsten der eigenen verfügbarkeit. die welt ist aber nicht heil (wenn auch nicht heillos), sie ist noch im privatesten und intimsten widersprüchlich. heile welt meint reinheit, und genau die gibt es nicht, weder in der natur, noch in der gesellschaft, noch in der kunst; es sei denn um den preis der stillegung. (ulrich horstmanns vision vom weißen (!) sand, der aus den augenhöhlen bleicher (!) schädel rinnt: dann wird endlich ruhe sein!) der wunsch nach reinheit ist tief in der europäischen denktradition verwurzelt (christentum, alle „reinen lehren"), und er hat einen neuen impuls bekommen, je unreiner, bis hin zur erneut „reinen" kriminalität, die gesellschaftliche praxis auswuchs. die arbeiterbewegung und die sozialistische denktradition haben diesen wunsch als soziale utopie übernommen und okkupiert. angetreten unter der maßgabe paradiesischer inhalte, lag es auf der hand, sich abzugrenzen (schon um sich nicht zu beschmutzen) und das neue in „reinkultur" zu praktizieren.

nebenher fielen und fallen die eigenen unreinheiten unter den tisch. dort häufen sie sich und faulen. jede reinheit fault von unten, was nichts anderes heißt als: jede abgrenzung nach außen geht einher mit einer ausgrenzung nach innen. was zu lernen wäre, und einen wandel der ganzen europäischen kultur bedeutete, ist die fähigkeit, mit offenen, ungelösten widersprüchen produktiv umzugehen, und sie nicht als übel zu tabuisieren, zu verdrängen oder zuzukleistern. der systemgedanke und der ausschließlichkeitsgedanke beherrschen die klassische und auch die nachfolgende deutsche philosophie und wirken noch heute lähmend.

soweit meine ins metaphysische drängenden notizen. doch sprechen wir nicht über die abstrakta, sprechen wir über uns (wer wird da wohl alles mitreden können?). sind wir denn betroffene all der verluste und einbußen, die die politik der abgrenzung / ausgrenzung seit 40 jahren gezeitigt hat? wohlgemerkt, es geht nicht um widerspruchsfreiheit, auch kulturpolitik wird sich immer in widersprüchen vollziehen, es geht um das ausschalten des widerspruchs durch ignorante, obrigkeitliche anmaßungen. denn ein solcher strang der ausschaltungen zieht sich, als ein strang neben anderen natürlich, durch die geschichte der kultur des landes. da sind in den fünfzigern ernst bloch, hans mayer, kantorowicz, da ist eislers faustus oder die tatsache, daß brecht in der ddr kein einziges stück mehr fertiggebracht hat. da sind die sechziger, peter huchel, uwe greßmann, inge müller, selbst kants „impressum" mußte drei jahre liegen, ehe es erschien („ich will nicht minister werden"). da sind die siebziger, deren fakten jeder kennt, und die achtziger. eine auflistung wäre ermüdend und traurig, und, wie gesagt, einseitig. die ursachen dieser, häufig später bereuten und vorsichtig revidierten muskelspielereien der macht sind immer gleich: unfähigkeit, sich auf eine vielspurigkeit einzulassen, fronten-denken, bequeme selbstgerechtigkeit. auch wem nichts an brecht liegt, ist davon betroffen (weil mitverwaltet).

es gab in der literaturwissenschaft am anfang der achtziger das schlagwort vom „mündigen leser" als tendenz der wirkungsabsicht etlicher ddr-autoren (allerdings mußte man das bald erheblich einschränken). dieser begriff war abgeleitet von immanuel kants 1784 getroffener bestimmung der aufklärung als „ausgang des menschen aus seiner selbstverschuldeten unmündigkeit". verbunden wurde damit die vorstellung vom freien, gleichberechtigten, nicht belehrenden und bevormundenden diskurs zwischen autor und leser. so sehr der begriff einigen wenigen werken entsprach, so falsch war seine suggestive verallgemeinerung, wenn man ihn auf den kommunikationsprozeß literatur bezog. denn in diesem speist sich die rezeptionsseite aus dem gesamten ensemble der kultur. und dafür sind einzelne texte machtlos gegenüber der gesamten struktur der kulturellen kommunikation. das haben alle großen aufklärer heimlich gewußt. auch brechts „radiotheorie" vom umfunktionieren des mediums vom bloßen „distributionsapparat" zum wirklichen kommunikationsmittel, bei dem jeder empfänger auch sender sein könne, nimmt dort seinen ansatz. aus heutiger erfahrung weiß man, daß sich dieser wunsch, genau wie benjamins filmästhetik, als illusion erwiesen hat, da die massenmedien als beherrschendes kulturelles medium weder zu kollektiver handlungsfähigkeit noch zum „mündigen" wirklichkeitszugriff beitragen, sondern zur isolierung und atomisierung der individuen. das überall des fernsehbildes ist das nirgendwo des empfängers. die fiktive verfügbarkeit über die realität ist die reale ohnmacht. the medium is the message, wie mcluhan sagt. dies ist ein mechanismus der strukturellen gewalt: ruhigstellung durch fiktive befriedigung.

ein sehr ähnlicher mechanismus, wenn auch auf anderer ebene, läßt sich für die herrschende restriktive und degenerierende publikations- und verlagspolitik zeigen. die ausschließlich von oben nach unten funktionierende entscheidungsbefugnis, beschränkte zugänglichkeit und privilegierungen, praktiken des ausgrenzens nichtgenehmer autoren und texte, die isolierung von „nichtangepaßten" texten aus ihren kontexten (wenn sie schon vereinzelt erscheinen dürfen), streichungen von textpassagen (öffentlich nachprüfbar in den seltensten fällen, nur bei betriebsunfällen wie dem vorabdruck von cibulkas „swantow" im ndl 4/81, wo er auf den monat genau fünf jahre vor tschernobyl bedenken gegen akw vorbringt, die dann im buch fehlen), all dies wirkt sinnentleerend auf die literatur und die rezeption. die literatur, die sich in diesem dschungel zu bewegen hat, wird in ihrer kritischen, bewußtseins- und öffentlichkeitsstiftenden funktion entmachtet. der leser sieht sich, unabhängig vom einzelnen text, der ihn möglicherweise trotzdem noch anregt, allein durch diese struktur der öffentlichkeit entmündigt und desorientiert. eine derart zentralisierte öffentlichkeit verabreicht dem leser kultur wie ein medikament. kultur aber gehört nicht denen, die sie verwalten, sondern jedem, der sie produziert, also allen lesern. es gehört zur hybris der aufklärer (die auch zu dem in der postmodernen diskussion so genannten „scheitern des projekts aufklärung" führte) zu meinen, man könne durch die einfache oder auch zusammengesetzte wahrheit oder durch geeignete werkstrukturen, die aber im herrschenden, von oben geleiteten diskurs verbleiben (brechts v-effekt), dem publikum möglichkeiten anbieten, die es zur eigenen artikulation nutzen könnte. doch dazu muß es über eine sprache verfügen, in der es selbst vorkommt, und eine sprache verlassen können, in der tendenziell jeder versuch, ich zu sagen, ins groteske ausschlägt. jedoch „ein stummer gedanke ist ein toter" schrieb jener c. g. jochmann, und gebiert eine „stumme gesellschaft", auch wenn in ihr noch so viel palavert wird. denn „mündigkeit" ist nicht, daß man den lesern einen mund gibt, sie müssen ihn sich schon selbst nehmen. die vorgegebene und verwaltete sprache des herrschenden diskurses bietet aber schon lange keine reibungsflächen zu produktiver auseinandersetzung mehr, die das eigene erleben und erfahren artikulierbar macht, sondern zermürbt in ihrer legitimistischen phraseologie das eigene denkvermögen. in dieser sprache kann man sich bestenfalls bemündeln, nicht aber artikulieren.

es hat sich in der ddr in diesem jahrzehnt eine alternative kultur herausgebildet (zunächst vornehmlich in berlin, leipzig, dresden, punktuell aber auch in anderen städten), die einen ausbruch aus dem entfremdenden diskurs der landessprache darstellt. verbunden mit veränderungen der lebenspraxis eines teils ihrer generation, haben sich etliche junge künstler auf die suche nach der eigenen sprache gemacht, die sich jenseits der ab-, aus- und eingrenzenden implikationen der herrschenden scholastik entfaltet. wenn rainer schedlinski schreibt: „ich kann nicht mehr dialektisch denken", so wendet sich dies gegen die vorschreibenden denk-schemen, die „schweine-dialektik", die keine probleme mehr greift, sondern sich selbst zum sieger über die widersprüche macht. und wenn sascha anderson sang: „die funktionäre sind im widerstand", so faßt dies in der gegebenen kürze die realen und sprachlichen verdrehungen der aktuellen kultur zusammen.

schon 1979 sah jürgen habermas (durchaus mit der arroganz der arriviertheit) „einen kranz surrealistischer erscheinungen an den rändern der gesellschaft", die er als „suchbewegungen" diagnostizierte. dazu gehört das organisieren einer eigenen, unabhängigen öffentlichkeit über mappen-editionen, zeitschriften und galerien. einige dieser projekte, wie andersons lyrik-graphik-edition, die zeitschriften „schaden" und „ariadnefabrik" oder die leipziger galerie „eigen+art" sind inzwischen längst über das tastende suchen hinaus. daß dieser prozeß kein eingleisiger, geradliniger sein kann, versteht sich. er ist auch in sich widerspruchsvoll, und er ist gezeichnet von dem, wovon er sich absetzt. auch diese „suchbewegung“ kennt desinteresse und verweigerung: die gegenüber den ausgrenzern und verweigerern. dadurch entsteht der nimbus einer „szene“, einer bewegung, einer einheitlichen kulturellen strömung (die sie nicht ist). zugleich ist sie immer bedroht, vom diskurs der macht umsponnen, fixiert und umcodiert zu werden. in abwehr dagegen wiederum entstehen hermetismen. ähnliche mechanismen ließen sich viele zeigen.

aber wie auch immer: dieser prozeß wird sich verstärken. und die richtung heißt: sprechen wir von uns. in unserer sprache.

Systemtheorie

Harald Wagner

Funktionale Äquivalente zu Praxis und Prinzip der Abgrenzung

Vorbemerkungen

Die derzeit herrschende Praxis der Abgrenzung in der DDR macht sicher nur wenige Leute glücklich. Die Mehrheit hofft also auf eine *Absage* an diese Praxis. Im vorliegenden Aufsatz wird versucht, mit Hilfe der Systemtheorie[1] einige klärende Aspekte einzubringen.

Für dieses Vorgehen spricht, daß die Systemtheorie eine der derzeit aussagekräftigsten Theorien der Soziologie ist, an der niemand vorbei gehen kann, ohne seine wissenschaftliche Lauterkeit zu verlieren.

Dagegen spricht, daß die Systemtheorie mittlerweile selbst ein großes, in sich geschlossenes System darstellt, welches sich dagegen sperrt, Einzelfragen allgemeinverständlich zu behandeln. So ist die Sprache (Termini) für den Uneingeweihten sehr kompliziert (sogar abschreckend), und der Anspruch der systemtheoretischen Denkweise erscheint anmaßend.

Die hier vorliegenden Ausführungen stellen darum einerseits eine starke Vereinfachung aus der Sicht der Theorie selbst dar, andererseits eine zum Teil unbequeme Lektüre. Wer allerdings mit mir darin übereinstimmt, daß *kein* theoretischer Ansatz allein das Wahrheitsmonopol beanspruchen kann, der sollte sich *ernsthaft* (das heißt wirklich erst einmal zuhören, was die Systemtheorie will) und *unge-*

---

[1] Den nachfolgenden Ausführungen liegen die Ergebnisse eines 30jährigen Schaffensprozesses des zur Zeit bedeutendsten Systemtheoretikers im deutschen Sprachraum zu Grunde, es ist dies der Soziologe Niklas Luhmann. Einen gewissen Abschluß finden seine Arbeiten mit seinem Hauptwerk: Niklas Luhmann, Soziale Systeme. Grundriß einer allgemeinen Theorie, Frankfurt/M. 1984.

zwungen (ihre Ergebnisse sind keine unumstößlichen Erkenntnisse) mit der hier vorgestellten Sichtweise auseinandersetzen.

Der Aufsatz selbst ist so aufgebaut, daß über allgemeine Einführungsschritte, unterstützt durch alltägliche Beispiele, eine Hinführung zum hier vorliegenden Thema erfolgt: Wie können Praxis und Prinzip der Abgrenzung in der DDR durch humanere Lösungen *ersetzt* werden?

„Wir leben nicht in der besten der möglichen Welten, sondern in einer Welt besserer Möglichkeiten." So lauten Zuspruch und Aufforderung der modernen Systemtheorie. Um diese besseren Möglichkeiten zu finden, versuchen die Systemtheoretiker, soziale Gruppen, Gesellschaften und sogar die ganze Welt als *soziale Systeme* zu beschreiben. Grundlegend ist dabei die Frage nach der *Funktion* der jeweiligen Teile (das heißt Strukturen, Mechanismen, Abhängigkeiten etc.) und der daraus resultierenden Möglichkeit, diese (jeweils notwendigen) Funktionen durch andere, aber *äquivalente* Lösungen zu ersetzen.

Hier sollen darum einige *Anregungen* der Systemtheorie folgen, im Bemühen, funktionale Äquivalente für „Praxis und Prinzip der Abgrenzung" aufzuspüren und auf ihre Tauglichkeit hin zu überprüfen.

1. Funktionale Methoden

In der Systemtheorie kommt die funktionale Methode zur Anwendung, die sich bewußt als Überbietung kausaler Forschungsansätze versteht. Damit ist gemeint, daß es ihr nicht einfach um das Aufdekken von Kausalgesetzlichkeiten geht (bestimmten Ursachen bestimmte Wirkungen zuzuordnen), sondern sie zielt auf einen *Vergleich möglicher Problemlösungen.* Es wird also nicht länger gefragt, ob die Ursache A immer die Wirkung X hervorruft, sondern, ob A, B, C, D ... in ihrer Eigenschaft X zu bewirken, funkional äquivalent sind.

Der Forschungsansatz ist somit stark hypothetisch. Empirische Untersuchungen, die auf Realisierung ausgerichtet sind, bilden erst den zweiten Schritt, nachdem versucht wurde, das ganze Spektrum irgend denkbarer Möglichkeiten durchzuspielen. Auf ein alltägliches Problem übertragen, könnte das heißen: Jemand leidet unter Einschlafstörungen. Er kann zur Überwindung Verschiedenes probieren: zum Arzt gehen – Alkohol trinken – Fernsehen bis zur Erschöpfung – nach 21.00 Uhr kein Fernsehen mehr – im Bett lesen –

Yoga beziehungsweise Entspannungsübungen durchführen usw. Der erste Schritt bestünde also in der Vergegenwärtigung *aller* – und seien sie noch so abwegig – Lösungen für den konkreten Bezugsgesichtspunkt (vergleiche 5.). Erst danach müßten in einem zweiten Schritt die konkret unrealisierbaren Varianten ausgeschieden und die restlichen auf ihre tatsächliche Tauglichkeit hin überprüft werden. Das alles trägt natürlich auch ein großes Maß an *Verunsicherung* in sich, zumindest dann, wenn eine Strategie bisher unproblematisiert zur Anwendung kam, die nun von einigen (vielleicht sogar der Mehrheit) nicht mehr akzeptiert wird. Das ist zum Beispiel in der Kirche der Fall, wenn die Frage auftaucht, ob es sinnvoll ist, den Gottesdienst in altbewährter Form als den Mittelpunkt des Gemeindelebens zu propagieren. Für einige scheint es klar zu sein, daß dies nicht mehr möglich ist und so suchen sie nach neuen Wegen. Andere, die vielleicht sogar selbst Schwierigkeiten registrieren, fühlen sich aber dennoch verunsichert beziehungsweise sogar angegriffen, allein durch diese Suche nach neuen Möglichkeiten. Denjenigen, die hier zu den letzteren neigen, dürfte es nicht schwer fallen, auch die staatlichen Vertreter zu verstehen, die sich verunsichert und angegriffen fühlen, wenn – wie hier – für eine Problemlösungsvariante (zum Beispiel „Abgrenzung", aber auch Atomenergie, Wehrdienst und Informationsmonopol) funktionale Äquivalente gesucht werden. Das Ermutigende, dennoch diese Verunsicherung auszuhalten, besteht dann gerade in der Möglichkeit, das einzelne System (zum Beispiel Kirche oder Staat) zu *stabilisieren*, wenn es gelingt, eine effektivere Lösungsstrategie zu finden.

Zusatz: Der Prozeß der konkreten Entscheidungsfindung in einem sozialen System ist dann für wirklich grundlegende Bereiche nicht mehr durch systemtheoretische Überlegungen zu erhoffen, sondern hier gilt es auf die Theorie des kommunikativen Handelns (auf Diskurse) zurückzugreifen.[2] Das Gesellschaftssystem der DDR steckt hier zweifellos noch in den Kinderschuhen, und auch in den Kirchen ist mit der Proklamation des konziliaren Prozesses nur erst ein Anfangs*signal* gesetzt.

---

[2] Vgl. dazu die Arbeiten von Jürgen Habermas. Bes. Jürgen Habermas, Theorie des kommunikativen Handelns. 2. Bd., Frankfurt/M. 1981.

2. *Systemgrenzen als Sinngrenzen*

Die Systemtheorie sozialer Systeme verdankt besonders der Biologie wesentliche Impulse. Diese Übertragungen stoßen allerdings auf erhebliche Schwierigkeiten. Eine solche Schwierigkeit besteht im Festlegen der *Systemgrenzen* sozialer Systeme. Für biologische Systeme ist diese Grenzziehung problemlos mit der Organismusgrenze (beziehungsweise den natürlichen Erweiterungen des Organismus) gegeben. In der früheren Soziologie fungierten hier auch territoriale Grenzen (zum Beispiel für Stämme oder Nationalstaaten). Heute wird dies als unzureichend und der Realität nicht mehr entsprechend empfunden. Die Systemtheorie schlägt deshalb vor, diese Grenzen völlig abstrakt zu ziehen, als *Sinngrenzen.* Soziale Systeme sind demnach Systeme, die dadurch und insofern bestehen, als in ihnen ein bestimmter „Sinn" anerkannt wird, der sich vom „Sinn" der Umwelt dauerhaft unterscheidet (nicht der jeweilige Sinn muß der gleiche bleiben, sondern die *Differenz* zur Umwelt muß sich als Komplexitätsgefälle – vergleiche 3. – erhalten und stets neu reproduzieren können). Obwohl dies äußerst kontrovers behandelt wird[3], so birgt dieser Vorschlag gerade für das hier vorliegende Problem der „Abgrenzung" gute Erklärungsmöglichkeiten und soll darum kurz vorgestellt werden: Jedes handelnde komplexe System (genau wie je der Mensch, der in der Systemtheorie als psychisches System behandelt wird) muß normalerweise eine konkrete nächste Handlung aus einer großen Fülle möglicher Alternativen auswählen. Das heißt, wenn sich zum Beispiel ein Mensch für *eine* Möglichkeit entscheidet, müssen alle anderen ausscheiden (Selektionszwang gegenüber der übermächtigen Komplexität der Umwelt). Alle anderen Möglichkeiten werden also negiert, aber nicht in dem Sinne, daß sie völlig ausgemerzt werden, denn die Wahl hätte ja auch anders ausfallen können (Kontingenz). Die nichtrealisierten Möglichkeiten bilden dann den *Horizont* des momentanen Erlebens. Unter *Sinn* versteht man dann in der Systemtheorie eine „bestimmte Strategie des selektiven Verhaltens" gegenüber der Doppelstruktur von Komplexität und Kontingenz. Diese Strategie ermöglicht es, angesichts der Über-

---

[3] Vgl. dazu die Kontroverse in: Jürgen Habermas / Niklas Luhmann, Theorie der Gesellschaft oder Sozialtechnologie – Was leistet die Systemforschung?, Frankfurt/M. 1971.

fülle des Möglichen, eine *Einheit* zu konstituieren, welche die Verweisungen auf andere Möglichkeiten zusammenfaßt. Ohne diese Strategie könnten wir nicht die Last der Entscheidungen tragen: realisierte Möglichkeiten ohne diesen Verweisungshorizont erschienen uns als „sinnlos". Sinn ist demnach kein vorgegebenes Ding, sondern eine Differenz zwischen Aktualisiertem und Nichtaktualisiertem. Hinzu tritt dann noch, daß durch jedes konkrete Handeln bestimmte *Anschluß*möglichkeiten geschaffen werden, andere, sonst auch mögliche Anschlußvarianten, werden dabei sogar gänzlich ausgeschlossen. Hat zum Beispiel jemand einen Garten, dann kann er darin Gemüse anbauen, einen Kinderspielplatz anlegen oder einen Swimmingpool ausschachten. Er kann *beliebig* zwischen diesen Möglichkeiten wählen. *Hat* er sich dann aber für eine entschieden (zum Beispiel fürs Gemüsebeet), dann sind die Anschlußmöglichkeiten stark eingeengt (er kann zum Beispiel nicht schwimmen, was aber eine auch mögliche Anschlußvariante gewesen wäre, hätte er ein Bad gebaut).

Bürger der DDR stehen demnach in der doppelten Gefahr, Handlungen als *nicht-sinnvoll* zu erleben beziehungsweise zu beurteilen: Die Welt, aus der sie ihre Handlungsmöglichkeiten real entnehmen können, entspricht nicht der Welt, die ihnen durch Massenkommunikationsmittel bekannt ist. Das tritt auf, weil unzeitgemäße „Grenzziehung" des Gesellschaftssystems (nämlich primär territoriale Grenzen) aufrechterhalten wird, die der gegebenen Situation nicht mehr gerecht werden kann. Erforderlich wären „Sinngrenzen", hier als Strategie des Handelns und nicht als Dogma zu verstehen. So besteht das Kuriosum, daß sich Menschen und Gruppen an einer Umwelt orientieren, die nur auf einer Einwegekommunikation zu ihnen tritt. Somit wird die *gewählte* Handlungsmöglichkeit (oft) als *erzwungene* empfunden. Die Differenz zwischen aktualisierter Handlung und Möglichkeit wird somit als Sinnlosigkeit erlebt. Ähnlich ungünstig verhält es sich mit den *Anschlußmöglichkeiten* für konkrete Handlungen: Handlungen werden auch dann nicht als „sinnvoll" empfunden, wenn sie selbst wohl befriedigend sind (zum Beispiel bestimmte Tätigkeiten im Beruf), die Anschlußmöglichkeiten aber beschnitten werden (zum Beispiel Reisen, Informationsbeschaffung und weitere Eigeninitiativen), beziehungsweise gesellschaftlich nicht honoriert werden (zum Beispiel *spontane* Verantwortlichkeit für Umwelt, Demokratie oder Solidarität). Somit wird zumindest erklärbar, warum gerade gut verdienende Schichten

(Handwerker, wissenschaftlich-technische Intelligenz und Ärzte) unzufrieden mit dem Gesellschaftssystem sind, obwohl sie einen relativ hohen Lebensstandard aufweisen und oft große Befriedigung in ihrer Tätigkeit haben.

3. *Systemstabilität und -identität*

Systeme müssen also darauf bedacht sein, ihre *Systemgrenzen* stabil zu halten, anderenfalls hören sie auf zu bestehen. Allerdings ist es ein gefährlicher Irrtum anzunehmen, diese Stabilität könne durch willkürliche „Abgrenzung" zur Umwelt erreicht werden. Das genaue Gegenteil ist der Fall: am stabilsten sind Systeme, denen differenzierte Möglichkeiten zur Verfügung stehen, um die Umwelt wahrzunehmen und auf sie reagieren beziehungsweise einwirken zu können. Systeme sind ja dadurch gekennzeichnet, daß in ihnen eine bestimmte Komplexität herrscht (vergleiche 2.), aber die Komplexität der Umwelt stets größer ist als die Komplexität des Systems. Die Umwelt, auf die sich dabei ein System überhaupt beziehen kann (die es als relevant wahrnimmt), ist abhängig von der Eigenkomplexität, das heißt von seiner eigenen Struktur. Je strukturierter ein System ist, um so sensibler vermag es die in seiner Umwelt auftretenden Zustände adäquat zu verarbeiten. Dies bedeutet, daß es nicht nur „normale", sondern auch unwahrscheinlichere Ereignisse störungsfrei für die eigene Handlungsfähigkeit integrieren kann. Ein Weg der Strukturierung von Systemen ist das Ausdifferenzieren von *Subsystemen* in seinem Inneren. Diese Systeme erfüllen für das Gesamtsystem bestimmte Funktionen, die es selbst nicht wahrnehmen kann. Dies trifft auch auf die Steuerung der Außenbeziehungen zu, wobei dann die Systemgrenze nicht undurchlässiger wird, sondern sensibler, sofern nur die Differenzierungschematik für diese Steigerung adäquat gewählt ist. Diese „Wahl" gelingt für soziale Systeme am besten dadurch, daß diese Prozesse *nicht* von einem Zentrum in Gang gesetzt und gesteuert werden, sondern *selbständig* ablaufen. Das scheint auf eine unkontrollierte Entwicklung hinauszulaufen – wie es ja auch oft befürchtet wird –, aber dem widersprechen die Erkenntnisse der Systemtheorie: es setzen sich in der Praxis immer nur wenige Selektionsmechanismen durch, da es den anderen nicht gelingt, sich auf Dauer zu etablieren.

Wichtig für die Beziehung zur Umwelt ist dabei noch, daß ein System *nur* mittels dieser *Differenz* zwischen Eigenkomplexität (bestimmter Sinn) und Komplexität der Umwelt (irgend ein anderer Sinn) seine *Identität* finden kann. Identität entsteht also aus dieser beziehungsweise als diese Differenz. Identität kann nie durch Abgrenzung erreicht werden, da gerade hierdurch das Potential zur Identitätsfindung ungenutzt bleibt und somit blind wirkt. Neben dieser Beziehung des Systems zu seiner Umwelt muß noch beachtet werden, daß sich in dieser Umwelt immer auch konkrete Systeme befinden. Die Beziehungen eines Systems zu einem anderen tragen einen deutlich anderen Charakter als die oben angeführten, sie sind eher vergleichbar mit Leistungen und nicht mit Abgrenzungsmechanismen. Wenn zum Beispiel die DDR und die BRD auf wissenschaftlicher Ebene zusammenarbeiten (AIDS-Bekämpfung), dann ist dieser Austausch einer Leistung vergleichbar, die zum Nutzen beider Systeme dienen kann. Beziehungen, die die Identität der Gesellschaftssysteme im Blick haben, müssen dagegen solche sein, die die *Lebenswelt* ergreifen: zum Beispiel müssen es die Künstler *selbst* sein, die auf kulturelle Entwicklung außerhalb reagieren, das können weder Abkommen noch staatliche Institutionen leisten, sondern nur sich für den jeweiligen Fall bildende Gruppen und Initiativen (diese heißen dann in der Systemtheorie Ausdifferenzierungen).

Für die Situation der DDR wird also hieran deutlich, daß diese Differenz notwendig besteht und zur Identitätsfindung führt, daß ihr Potential gerade nicht genutzt wird, wenn sie über das Prinzip der Abgrenzung ausgeschaltet werden soll aus der Lebenswelt der Gesellschaft. Identitätsfindung und Stabilität wären aber gerade dadurch erreichbar, daß Ausdifferenzierungsprozesse zugelassen würden, die sensibler wären für Anregungen aus der Umwelt – dies kann keinesfalls ersetzt werden durch offizielle zwischenstaatliche Beziehungen, da diese auf einer anderen Ebene der Umweltbeziehungen (Leistungen) ablaufen.

4. Abgrenzung nach „innen“

Die hier vorgestellte Systemtheorie begreift also soziale Systeme nicht als strukturierte Ansammlung von Personen beziehungsweise Gruppen, sondern einzig und allein als ein System von *Handlungen* bestimmter Komplexität, welches sich typisch von seiner Umwelt unterscheidet, indem es die Komplexität der Umwelt durch bestimmte (erwartbare) Selektion reduziert. Der einzelne Mensch, als psychisches System, oder Gruppen gehören also zur Umwelt sozialer Systeme. Dadurch ist eine weitere Richtung der „Abgrenzung“ aufgedeckt: die Abgrenzung nach innen. Um es noch einmal zu verdeutlichen, es sind hier keine räumlichen Beziehungen gemeint, sondern es geht hier um die *Teilnahme* (Anteil nehmen) von Einzelpersonen an größeren Gruppen, wie hier am Gesellschaftssystem der DDR. Individuen gehören nur insofern zur Gesellschaft, als sie dies durch Handlungen (dazu gehören auch Haltungen) ausdrücken. Was dagegen sonst noch im Individuum passiert (Vorlieben, Gedanken, Ängste etc.) gehört zur Umwelt des Gesellschaftssystems und kann durch dieses erst registriert werden, wenn es durch Handlungen zu Tage tritt. Für diese Richtung gilt im Prinzip das gleiche wie für Abgrenzungsprozesse nach außen: Ein soziales System kann seine Stabilität verbessern und zu größerer Identität gelangen, wenn es die Differenz nach innen nutzt und Bürger, Gruppen und Organisationen (zum Beispiel Glaubensgemeinschaften) nicht wie unmündige Kinder, kompetenzlose Unruhestifter und sicherheitsgefährdende Rivalen behandelt. Sondern im Gegenteil, wenn eine Gesellschaft die Differenzierungsprozesse zuläßt, die durch die reale und notwendige Differenz zu einzelnen und zu Gruppen entstehen; erst dann nutzen Gesellschaften ihren größten Schatz: ihre Bürger.

5. Zusammenfassung

Der von der Systemtheorie hier vorgeschlagene Bezugsgesichtspunkt (ein gräßliches aber übliches Wort) ist:

Wie und wodurch kann die Abgrenzung durch Besseres *ersetzt* werden? Ihr Bezugsgesichtspunkt kann *nicht* eine bloße *Absage* ohne funktionelle Äquivalente sein.

Meines Erachtens sollte die Systemtheorie soweit aufgenommen werden, daß mit der Kritik auch bessere Leistungen vorgeschlagen werden, allerdings mit der Absicht, hier einen Prozeß in Gang zu setzen, der Stabilität und Identität nur durch grundsätzliche Änderungen erhofft. Im einzelnen heißt das:

– Zur Forschungsmethode:
es gilt nicht mehr zu sagen: „Weil der Imperialismus so aggressiv ist, müssen wir ...“, sondern: „Wenn unsere Umwelt so und so beschaffen

ist, welche Möglichkeiten stehen uns dann zur Verfügung, darauf zu reagieren?"
- Zur Grenzziehung:
Nicht territoriale Abgrenzungsversuche oder von einem Zentrum vorgegebene Sinngehalte sollten zur Anwendung kommen, sondern mit selbständigen Ausdifferenzierungsprozessen ist sowohl eine größere Stabilität als auch eine bessere Sensibilität erreichbar.
- Innenbeziehungen:
Nur das Gesellschaftssystem kann auf gesunde Entwicklung hoffen, welches erkennt, daß die Individualität seiner Bürger nicht unterdrückt, sondern gerade ihr Wirksamwerden in Richtung auf's System erleichert werden muß.

Schlußbemerkung:

Die Systemtheorie ist eine objektivistische Theorie, und sie muß es auch sein. Die Menschen, die mit ihr umgehen, müssen sich dessen bewußt sein, sie sind aber selbst nicht daran gebunden: Theorien können handelnden Subjekten als Orientierung dienen, ohne Fesseln zu werden.

Konsequenzen

Reinhard Lampe

Abschreckung und Abgrenzung

Kleine Grammatik

Die sprachliche Ähnlichkeit der „Absage an Geist, Logik und Praxis der Abschreckung" und der „Absage an Praxis und Prinzip der Abgrenzung" führt in der Diskussion um letztere häufig zu einem Vergleich der beiden Genitivattribute: Bezeichnet „Abgrenzung" in gleicher Weise Verwerfliches wie „Abschreckung"? Gibt es nicht auch gute Abgrenzungen? Ist eine Absage an die Abgrenzung folglich unangebracht?

Zur Klärung dieser Fragen muß zunächst daran erinnert werden, daß bisher weder eine „Absage an die Abschreckung" ausgesprochen wurde, noch eine „Absage an die Abgrenzung" ausgesprochen werden soll. In den unverkürzten Absageformeln bestimmen beide Begriffe im Sinne eines Genitivs der Zugehörigkeit den Inhalt ihrer Bezugswörter, an die sich die Absage grammatisch richtet (zum Beispiel an „Geist, Logik und Praxis", insofern sie „Geist, Logik und Praxis der Abschreckung" sind), und werden umgekehrt durch diese an die Absage gebunden (zum Beispiel „Absage" an die „Abgrenzung", insofern es sich um „Praxis und Prinzip der Abgrenzung" handelt). Der Zusammenhang ist unauflösbar. Inwiefern „Abschrekkung" und „Abgrenzung" qualitativ vergleichbar sind, kann daher nur im Kontext der jeweils *ganzen* Absageformel untersucht werden.

Beide Begriffe sind substantivierte Verben. Ihren Sinn erschließen Sätze, in denen „abschrecken" beziehungsweise: „abgrenzen" das Prädikat bilden. Da sich eine Absage auf menschliches Handeln bezieht, wird im weiteren vorausgesetzt, daß als grammatische Subjekte Menschen agieren. Auch scheinbare Gegenbeispiele (zum Beispiel „Raketen schrecken ... ab", „Die Mauer grenzt ... ab") folgen dieser Voraussetzung, da ihre Subjekte Produkte menschlichen Handelns sind (andere als z. B. „Der Schneesturm schreckte den Bergsteiger ... ab").

Das Verb „abschrecken“ verlangt im einfachsten Fall neben dem Subjekt ein unpersönliches Akkusativobjekt („etwas abschrecken“) und hat rein technische Bedeutung (zum Beispiel in Kochrezepten). Entsprechende Sätze sind selbstverständlich irrelevant für die Absage. Bei einem personalen Akkusativobjekt verlangt das Verb zusätzlich ein Präpositionalobjekt, das eine Tätigkeit beschreibt („jemanden von etwas abschrecken“). Allgemein betrachtet, hat das Wort die Bedeutung einer Warnung. Die Tätigkeit, vor der gewarnt wird, kann entweder demjenigen, der sie ausführen will, selbst schaden (zum Beispiel dem Kleinkind, das eine Steckdose untersucht) oder anderen (zum Beispiel den Opfern krimineller Delikte). Die Warnung geht dementsprechend entweder von demjenigen aus, welcher sich für das Wohlergehen des Gewarnten zuständig fühlt (Eltern), oder von demjenigen, welcher den Schutz anderer garantiert (Schutzpolizist). Das kann sich auch überschneiden (zum Beispiel bei der Verkehrspolizei). In diesem Kontext ist „Abschreckung“ die Androhung einer Strafe. Ihr Vollzug soll den Bestraften zur Einsicht seines Fehlverhaltens bringen und anderen als abschreckendes Beispiel dienen. Dieser erzieherischen Absicht entspricht die Verhältnismäßigkeit der Mittel (Klaps auf die Hand, Freiheitsentzug, Stempel). Selbst bei Strafen, die den Bestraften weder erziehen können noch sollen (Todesstrafe, lebenslange Haft für NS-Verbrecher) verweisen ihre Verfechter auf erzieherische Aspekte (wirksamste Abschreckung anderer, potentieller Täter) und auf das Gebot der Verhältnismäßigkeit (letzte Härte in Fällen besonders schwerer Verbrechen im Interesse der gesamten Rechtsordnung).

Abschreckung ist also nötig, um Schaden abzuwenden, der durch menschliches Fehlverhalten entsteht. Sie wirkt zum Wohle des Einzelnen, der ihrer von Zeit zu Zeit bedarf, um Fehler zu vermeiden, wie auch zum Wohle der Gemeinschaft, die darauf angewiesen ist, daß ihre Glieder gewisse Regeln einhalten. „Geist, Logik und Praxis der Abschreckung“ meint dagegen ein Phänomen, das diesen Rahmen sprengt. Es ist – wie oft bei politischen Sprachregelungen – ein Euphemismus, die Militärdoktrin des atomaren Zweitschlags als „Abschreckung“ zu bezeichnen, denn hier wird nicht mehr Strafe (im obengenannten Sinn) angedroht, sondern die Vernichtung ganzer Völker als Folge des gegenseitig unterstellten Vernichtungswillens. Diese neue Qualität versucht die „Absage an Geist, Logik und Praxis der Abschreckung“ zu erfassen und in den Horizont christlichen Bekennens zu stellen. Ihr innerer Zusammenhang verweist auf den Systemcharakter der gemeinten Abschreckung und die Notwendigkeit der Absage. Diese ruft nach einer Umkehr sowohl in der Politik als auch im Denken und Handeln jedes Einzelnen. Dabei geht es nicht nur um die obengenannte Militärdoktrin, sondern um alle gesellschaftlichen Erscheinungen, die demselben Prinzip entstammen (zum Beispiel Erziehung zum „Klassenhaß").

Die militärische Prägung des Begriffes „Abschreckung" ist sprachlich so dominant, daß dieser in Bezug auf die Absage vor unangemessenen Ausweitungen geschützt ist. Sie verführt aber dazu, ihn auch im absoluten Gebrauch rein negativ zu verstehen. Wir hören „abschrecken" und assoziieren: „Wer – Wen?", „bedrohen", „angreifen", „vernichten". Der Akkusativ wird zum casus belli. Das mag der Absage zwar zur schnelleren Akzeptanz verholfen haben, birgt aber die Gefahr, daß der gedankliche Bezug auf die *ganze* Formel verlorengeht. Und das führt zu bedauerlichen Verkürzungen (zum Beispiel Reduzierung der Absage auf das Problem des Militärdienstes von Christen). Diese Gefahr droht dem Substantiv „Abgrenzung" nicht. Man bleibt auf den Zusammenhang der „Absage an Praxis und Prinzip der Abgrenzung" angewiesen und wird so vor Mißverständnissen, vor unzulässiger Verkürzung oder Ausweitung bewahrt.

Das Verb „abgrenzen" (transitiv und reflexiv) verlangt neben dem Subjekt stets ein Akkusativobjekt (bzw. das Reflexivpronomen) und ein Präpositionalobjekt („von"/„gegen"). Beide Objekte können persönlich und unpersönlich sein (ausgenommen Reflexivpronomina). Eine technische und damit auch hier für die Absage irrelevante Bedeutung hat das transitive Verb, wenn es sich auf Sachen beziehungsweise Sachverhalte („etwas von etwas abgrenzen") bezieht (zum Beispiel ein Gartenstück vom anderen mittels des Gartenzauns, eine Erscheinung von der anderen mittels wissenschaftlicher Definitionen). Ebenso verhält es sich mit dem Reflexivum („sich von etwas abgrenzen"), wenn es sich auf Sachverhalte bezieht (zum Beispiel Meinungen, die man nicht teilt, oder Handlungen, die man ablehnt). Es bezeichnet die gedankliche Arbeit der Klärung unterschiedlicher Standpunkte. Jede Absage ist in *diesem* Sinne auch eine Abgrenzung, jedoch nicht im Sinne der Absage an Praxis und Prinzip der Abgrenzung.

Im Horizont der Absage geht es um Abgrenzung von oder gegen Menschen. Auch auf dieser Ebene gibt es einen unbelasteten Gebrauch des Verbs. In der reflexiven Form („sich von/gegen jemanden abgrenzen") beschreibt es primär individuelle Vorgänge in der Persönlichkeitsentwicklung. Enge Bindungen (zum Beispiel des Kindes an die Eltern) müssen gelöst werden, um zur eigenen Identität zu finden (Erwachsenwerden). Das ermöglicht erst die freie Entscheidung zu neuer Bindung (sowohl an die Eltern auf neue Weise als auch an andere). Abgrenzung ist in diesem Zusammenhang der Schutzmechanismus des Individuums, dessen es bedarf, wenn Ablösungsprozesse durch emotionale Vereinnahmung gestört werden (etwa von Eltern, die das Erwachsenwerden ihrer Kinder nicht akzeptieren und versuchen, sie in infantilen Bindungen zu halten). Sie hilft, Fehlentwicklungen (Neurotisierungen) zu vermeiden. Der Einzelne muß sich ihrer unter Umständen und von Zeit zu Zeit bedienen, um seelischem Schaden vorzubeugen.

„Praxis und Prinzip der Abgrenzung" dagegen bezeichnet politische und gesellschaftliche Erscheinungen grundsätzlicher Art. Auch das Substantiv „Abgrenzung" ist, sofern es ausdrücklich vom Reflexiv abgeleitet wird, ein Euphemismus, wenn es – wie während der siebziger Jahre in der DDR geübt – als Bezeichnung einer isolationistischen Politik dient. Erstens, weil sich das Individuum nur zeitweise von anderen abgrenzt, während das „Prinzip der Abgrenzung" ihre „Praxis" zum Dauerzustand macht; zweitens, weil die metaphorische und verständnisheischende Gleichsetzung des Staates mit einem Einzelwesen, das *sich* abgrenzen (= seelisch schützen) muß, den wahren Charakter der Machtausübung verschleiert. Das Bild stimmt nicht. Staatliche Abgenzung nach außen kann nur mit dem Transitivum („jemanden von jemandem bzw. etwas abgrenzen") zutreffend beschrieben werden: Die Regierenden grenzen die Regierten von den Bewohnern der Nachbarländer ab, von Informationen, Meinungen, unliebsamen kulturellen Strömungen. Psychologische Kategorien können korrekterweise erst dann herangezogen werden, wenn die Auswirkungen dieser Abgrenzung auf den Einzelnen untersucht werden. Dabei geht es um eine für jeden leidvolle erfahrbare Praxis, die sich nicht aus lauter individuellen „Betriebsunfällen" zusammensetzt, sondern dem Prinzip der Abgrenzung entstammt. Leiden wird verursacht durch systematisches Handeln. *Diesem* soll abgesagt werden. Die Absage fordert heraus zu einer neuen „Weltteilnahme" (so eine marxistische Gesprächspartnerin) aller Bürger. Sie richtet sich daher nicht nur an die Regierenden, sondern gerade in ihren positiven Intentionen an uns alle.

Das Prinzip der Abgrenzung wirkt nicht nur in staatlicher Abgrenzungspolitik, die der Bevölkerung eine entsprechende Praxis aufzwingt. Es gibt ein sinnverwandtes transitives Verb, das kein Präpositionalobjekt verlangt: „jemanden ausgrenzen". Eine Differenz zwischen denjenigen, die die Abgrenzung verfügen, und denjenigen, die sie notgedrungen mitmachen müssen, ist mit diesem Wort sprachlich nicht darstellbar. Es setzt voraus, daß sich Gruppen, die Ausgrenzungen betreiben, einig sind. Daher kann es zur Beschreibung der volkstümlichen Art der vorurteilsgeladenen Abgrenzung gegen störende Minderheiten, Unbequeme, Ausländer dienen. Nicht umsonst begegnet das Wort häufiger im Bundesdeutschen als im DDR-Deutsch. Aber auch bei uns wuchert Ausgrenzung durch Volkes Stimme – was einkaufsfreudige Polen angeht, stimmt sie mit der Abgrenzung von Staats wegen überein. Das Prinzip ist dasselbe und verweist jeden Einzelnen auf seine schuldhafte Verstrickung, insofern es Haltung und Handlungen bestimmt.

In der Diskussion um „Praxis und Prinzip der Abgrenzung" wird häufig auf die „Abgrenzung im Inneren" aufmerksam gemacht. Das reflexive Verb „sich von/gegen jemanden abgrenzen" wird dabei auf das Verhältnis von Staat und Bevölkerung angewandt. Der Sinn einer individuellen Schutzhaltung, der dem Reflexiv in der Verbindung mit einem persönlichen Präpositionalobjekt anhaftet und in der einstigen politischen Inanspruchnahme des Begriffes „Abgrenzung" verschleiernde Funktion hatte, hilft jetzt, ein gern verschwiegenes Dilemma aufzudecken: Die Herrschenden grenzen *sich* ab von den Beherrschten, weil sie sich vor dem Volk schützen zu müssen glauben, dessen Vertreter zu sein sie beanspruchen. In diesem Bild ist die sprachliche Parallele zur individuellen Abgrenzung wenigstens teilweise zutreffend. Sein Sinn bietet denjenigen, die sich abgrenzen, Identifizierungsmöglichkeiten, indem es ihnen das Vorhandensein eines subjektiven Schutzbedürfnisses zugesteht. „Praxis und Prinzip der Abgrenzung" verläßt das Bild und weist auf das Problematische einer grundsätzlichen Abgrenzung im Inneren hin. Der Konflikt wird nicht ausgetragen, sondern dauerhaft festgeschrieben. Die Ängste der Herrschenden prägen das gesamte gesellschaftliche Leben. Die Absage sucht nach Lösungswegen und ermutigt zu Transparenz, Dialog und Kompromiß.

Es mag DDR-typisch sein, besonders sensibel Abgrenzungspraktiken wahrzunehmen. Aber auch westliche Gesprächspartner entdecken sie in eigenen Verhältnissen und Verhaltensweisen. Von „Ausgrenzungen" war schon die Rede. Dazu kommen nationale Abgrenzungen wirtschaftlicher Art im alles bestimmenden Kampf um Marktanteile, eine auch für den Westen konstitutive ideologische Abgrenzung gegen den Teil der Welt, der hinter dem „Eisernen Vorhang“ liegt, oder die grundsätzliche Abgrenzung der Völker der „Dritten Welt“ vom Wohlstand der Industriestaaten unter anderem durch eine profitorientierte Kreditpolitik. Die wahrgenommenen Praktiken erweisen sich als systematisches Handeln nach dem Prinzip der Abgrenzung. Dieser Begriff hilft auch hier, die Funktion verschleiernder Sprachregelungen („Soziale Marktwirtschaft“, „Freie Welt“, „Entwicklungshilfe“) aufzudecken.

Es ist ersichtlich, daß das Substantiv „Abgrenzung“ schon vom zugrundeliegenden Verb her variabler ist als „Abschreckung“ und sich mit viel mehr Erscheinungen in Verbindung bringen läßt als dieses. Das scheint auf den ersten Blick verwirrend zu sein. Im Horizont der Absage besteht sein Vorteil darin, daß es in der Vielfalt und Verschiedenartigkeit der Praktiken ihren Zusammenhang, das eine Prinzip, bewußtmacht. In diesem Sinn ist das Wort produktiv für eine längst fällige Diskussion. Und es hilft, eine neue Praxis zu finden, die zur Überwindung der Abgrenzung als Prinzip beiträgt. Die Absage an Praxis und Prinzip der Abgrenzung steht am Anfang dieses Prozesses.

Joachim Garstecki

Abgrenzung im Kontext der Abschreckung

Unüberhörbar nimmt die Forderung nach „Absage an Praxis und Prinzip der Abgrenzung“ schon rein sprachlich Bezug auf die „Absage an Geist, Logik und Praxis der Abschreckung“, die im Bund der Evangelischen Kirchen in der DDR seit 1982/83 zu einer friedensethischen und -politischen Konsens-Formel geworden ist. Die Ähnlichkeit der Formulierung ist gewollt und soll auf tiefere Zusammenhänge aufmerksam machen: Gibt es eine innere Verwandtschaft, eine Art Koinzidenz von Abschreckung und Abgrenzung, und wie ließe sie sich beschreiben? Was haben ein politisch-militärisches System der Kriegsverhütung mit Waffen und unaufhörlich fortgesetzter Rüstung einerseits und gesellschaftlich-politische Strukturen, die Frieden nach außen nicht durch Assoziation, sondern durch Dissoziation der Menschen voneinander zu sichern suchen, miteinander zu tun?

Der vermutete innere Zusammenhang von Abschreckung und Abgrenzung würde, wie immer man ihn definiert, in gleicher, unterschiedsloser Weise auch die Verwendung des Begriffs „Absage“ als Verneinung beider rechtfertigen. Aus der „Absage an die Abschreckung“ würde dann die „Absage an die Abgrenzung“. Der Antrag an die Synode Berlin-Brandenburg vom April 1987 geht von solchem Zusammenhang aus, wenn er formuliert: „Doch wer das Abschreckungssystem ablehnt, muß auch dazu aufrufen, die den Dialog behindernden Abgrenzungen zu beseitigen.“

So weit, so gut. Ein systematischer Nachweis des inneren Zusammenhangs der beiden Begriffe ist allerdings schwierig. Abschreckung und Abgrenzung entstammen unterschiedlichen Denkstrukturen und -systemen. Ist Abschreckung ihrer Intention nach der Versuch, Krieg zu vermeiden durch die Androhung unkalkulierbaren Schadens an den potentiellen Angreifer, so ist Abgrenzung ihrer

Intention nach der Versuch, die aus dem „antagonistischen Widerspruch“ zweier Klassen sich ergebende Scheidung in Freunde hie und Feinde dort nach innen und außen zu demonstrieren.

Abschreckung ist eine extrem unideologische Weise, kriegerische Gewalt in einer bipolaren Machtkonstellation durch Gewaltandrohung zu vermeiden; Abgrenzung ist der ideologisch begründete Versuch, die als allein richtig erkannte Existenzform des Friedens gegen ihre wirklichen oder vermeintlichen Feinde zu schützen. Abschreckung entstammt einem pragmatisch legitimierten, Abgrenzung einem ideologisch legitimierten Handlungskonzept. Man kann Abschreckung und Abgrenzung unabhängig voneinander aus ihrem je eigenen Verstehenskontext heraus kritisieren und ablehnen, ohne einen zwingenden Zusammenhang zwischen ihnen herstellen zu müssen.

Nicht die ursprünglichen Intentionen, sondern die impliziten Folgewirkungen von Abschreckung beziehungsweise Abgrenzung weisen auf den oben vermuteten Zusammenhang hin. Die Absage der Kirchen in der DDR an die Abschreckung bezieht sich nicht auf deren Intention, sondern auf die Tatsache, daß das Abschrecksungssystem gegen seine erklärte Absicht tendenziell immer weniger friedenssichernd, sondern immer deutlicher kriegsfördernd wirkt. Die innere Destabilisierung des Abschreckungssystems, hervorgerufen durch verschiedene militärtechnologische und -strategische Veränderungen, bildet den Hintergrund nicht nur christlicher Abschreckungskritik. Es ist kein Zufall, daß die Absage-Formel der Bundessynode von 1982/83 zeitlich zusammenfiel mit der angekündigten Stationierung neuer atomarer Mittelstreckenwaffen in West- und Ost-Europa. Diese Stationierung machte die innere Widersprüchlichkeit der Abschreckungslogik sichtbar.

Ebensowenig zufällig tritt aber auch die grundsätzliche Abschreckungskritik in dem Moment scheinbar wieder in den Hintergrund, da politische Lösungen des europäischen Sicherheitsdilemmas sich vorsichtig abzuzeichnen beginnen (Gipfeltreffen Reykjavik, Sondierungen über eine doppelte Null-Lösung, Gorbatschows Abrüstungsinitiativen). Ohne daß der Mechanismus der Abschreckung wirklich schon gebrochen und durch etwas anderes ersetzt wäre, verlagert sich das Interesse vieler Menschen wieder auf jene Begleit- und Folgephänomene der Abschreckung, die gegenüber dem Geist des „neuen Denkens“ und der westöstlichen Klimaverbesserung scheinbar resistent zu sein scheinen: die innere Militarisierung der Gesellschaft und ihre Abgrenzung nach außen. Der Antrag an die Synode in Berlin-Brandenburg ist ein Indiz für diese veränderte Stimmungslage. Die spontane Zustimmung, die er erfuhr, zeigt, daß das Friedensinteresse der Menschen nicht unentwegt als Fundamentalkritik am gegenwärtigen System militärischer Friedenssicherung (Abschreckung) artikuliert werden kann, sondern die Tendenz hat, sich kritisch auf konkret erfahrbare Formen gesellschaftlicher Friedlosigkeit (Abgrenzung) zu richten.

Das Stichwort „gesellschaftliche Friedlosigkeit" kann dabei zu einem Schlüssel für die Fragestellung werden. Seit den 60er Jahren gibt es in der Bundesrepublik eine seriöse, geradezu schon klassisch zu nennende Abschreckungskritik. Sie kritisiert Abschreckung mit atomaren Massenvernichtungsmitteln zwischen West und Ost als „System organisierter Friedlosigkeit" (Dieter Senghaas). Das besagt: Abschreckung wird nicht allein in den wechselseitigen Vernichtungspotentialen wirksam; sie prägt sich auch tief in die gesellschaftlichen Strukturen und Institutionen ein. Die militärischen Potentiale sind Ausdruck eines Denkens, das sich in den Mechanismen gegenseitigen Mißtrauens, Angst, Drohung und Vergeltung manifestiert. Dieses Denken bildet die gleichsam „strukturellen", persönlichen und gesellschaftlichen Voraussetzungen für abschreckendes Verhalten: es erzeugt eine Atmosphäre permanenter Kriegsbereitschaft. Abschreckung vergiftet das politische Klima durch immer neu entfachtes Mißtrauen. Sie braucht den Gegner als Inbegriff des Bösen, um die Militarisierung der eigenen Gesellschaft zu legitimieren und die Bereitschaft zu weiterer Rüstung zu erzeugen.

Abgrenzung erscheint in dieser Perspektive als eine folgerichtige Konsequenz der Abschreckung. Sie ist eine systemspezifische Rationalisierung der ständig neu entfachten Angst vor dem Gegner und eine Form der Abwehr der Bedrohung, die von ihm ausgeht. Das gilt zunächst unabhängig davon, in welchen Formen und mit welcher Intensität Abgrenzung betrieben wird. Ein stabiles antikommunistisches Feindbild in der BRD hat ebenso abgrenzenden Charakter wie die massive Kommunikationsbarriere nach Westen in der DDR. Allerdings wäre die Rigidität der Abgrenzungspraxis in der DDR ohne die ideologische Selbstdetermination der sozialistischen Gesellschaft nicht erklärbar; sie allein aus dem Drohcharakter wechselseitiger Abschreckung erklären zu wollen, wird man kaum als sachgemäß gelten lassen können. Zutreffend erscheint aber die Annahme, daß die aus der ideologischen Interpretation des Ost-

West-Konfliktes (Sozialismus gleich Frieden; Kapitalismus gleich Krieg) resultierende ideologische Abgrenzung durch das Abschrekkungssystem zusätzlich verschärft wird. Die Mechanismen der Abschreckung bestätigen die ideologische Sicht des Westens als eines „aggressiven Imperialisten" und vertiefen so die Abgrenzung; umgekehrt bestätigt fortgesetzte Abgrenzung die Charakterisierung des Sozialismus als eines „menschenverachtenden Systems" und wird zum Rechtfertigungsgrund für das Festhalten an der Abschreckung. Abschreckung und Abgrenzung stabilisieren in gegenseitiger Durchdringung die bestehenden antagonistischen Weltbilder.

Die Bundessynode hat in den vergangenen Jahren immer wieder den Zusammenhang von Abschreckung und gesellschaftlichen Mechanismen der Abgrenzung angesprochen, ohne dabei allerdings den Begriff Abgrenzung zu verwenden. Sie hat mit der klaren Option für Vertrauensbildung und das friedenspolitische Konzept der gemeinsamen Sicherheit/Sicherheitspartnerschaft zwischen Ost und West deutlich gemacht, in welcher Richtung und mit welchen politischen Mitteln das Abschreckungssystem überwunden werden muß. Inzwischen ist die politische Akzeptanz für den Gedanken gemeinsamer Sicherheit innerhalb der DDR deutlich gewachsen, und eine veränderte Verhältnisbestimmung von Ideologie und Politik in Bezug auf die Notwendigkeit der gemeinsamen Friedensverantwortung deutet sich an. „Ausschlaggebend für eine neue Kultur des politischen Streits ist also eine realistische und differenzierte Analyse und Darstellung der anderen Seite, statt Propagierung pauschaler Feindbilder und der Weckung von Berührungsängsten. Vermieden werden muß alles, was die andere Seite als prinzipiell unfriedlich oder zum Frieden unfähig erscheinen läßt." (Der Streit der Ideologien und die gemeinsame Sicherheit, V. 4., ND 28. 8. 1987)

Überdies zeigt der bereits seit längerem zu beobachtende Verzicht auf den Begriff Abgrenzung im ideologischen Vokabular der DDR, daß die Inkompatibilität von Abgrenzung mit den erklärten politischen Zielen Entspannung und Vertrauensbildung erkannt worden ist. Die gesellschaftliche Praxis folgt dieser Erkenntnis allerdings nur zögernd nach. Die noch immer praktizierte Abgrenzung erweist sich offenkundig als politischer Anachronismus in einer Situation, in der gemeinsame Bedrohungen den offenen Dialog aller Betroffenen verlangen. Dies erfordert es, atavistische Abgrenzungspraktiken beim Namen zu nennen und zu beenden.

Ein Verzicht auf Abgrenzung bedeutet nicht Preisgabe begründeter

Überzeugungen und gewachsener geschichtlicher Erfahrungen, wohl aber die Relativierung ideologischer Absolutheitsansprüche auf Menschen. An dieser wichtigen Differenzierung entscheidet sich nicht nur das Problem der Identifikation des Bürgers mit seinem Gemeinwesen, sondern längerfristig auch die Friedensfähigkeit der Gesellschaft und die Zukunft des Friedens in Europa. Er wird so stabil sein, wie er von der Zustimmung der Menschen getragen wird. Er wird seine Qualität nicht allein berechenbaren politischen Strukturen verdanken, sondern der Möglichkeit allseitiger Kommunikation, lebendigen Austausches und offenen Dialogs. Die evangelischen Kirchen in der DDR und besonders die Synode des Bundes haben diese Ziele seit langem der umfassenden Aufgabe einer Erziehung zum Frieden zugeordnet. In der Kontinuität zu dieser fortbestehenden Aufgabe könnte ein kritisches Wort zur Abgrenzung seinen legitimen Platz haben.

Ludwig Mehlhorn

Wir brauchen ein dialogförderndes Klima

Europa und der Dialog zwischen Deutschen und Polen

1

Für meine beiden Großväter waren die Franzosen die Erbfeinde des deutschen Volkes, denen sie in den Schützengräben des I. Weltkrieges Auge in Auge gegenüberstanden. Mein Vater wurde zur Deutschen Wehrmacht eingezogen und führte wiederum Krieg gegen Frankreich – ohne Begeisterung, aber immerhin war er damals der Überzeugung, daß es um Deutschlands Ruhm und Größe willen nicht zu vermeiden sei. Dennoch kann man heute feststellen, daß die sogenannte deutsch-französische Erbfeindschaft im Laufe von zwei oder drei Generationen restlos verschwunden ist. Das gilt nicht nur für den vom Denken kontrollierten Bereich der Überzeugungen und Einstellungen, sondern auch für die unmittelbaren emotionalen Reaktionen, die nicht mehr vom Bewußtsein gesteuert werden. Die Vielfalt von persönlichen und familiären Kontakten und kulturellen Beziehungen läßt es unmöglich erscheinen, daß Franzosen und Deutsche je wieder Krieg gegeneinander führen, unter welchen politisch-militärischen Konstellationen auch immer.

Im Blick auf unsere unmittelbaren östlichen Nachbarn sind wir leider noch nicht so weit. Wir alle wissen, daß auf dem Hintergrund des Neben- und Gegeneinander in der Geschichte, gipfelnd in den Exzessen des Terrors während der Besatzungszeit unter dem Nationalsozialismus, der Weg zum Miteinander von Polen und Deutschen ein Lernprozeß ist, der zu einem guten Teil noch vor uns liegt. Und wir sind uns einig, daß dazu ein spezifisch christlicher Beitrag unerläßlich ist.

Andererseits sind aber die Zeiten für eine entsprechende Praxis wenig günstig. Kulturelles Klima, öffentliche Sensibilität und spontane Offenheit für dieses Land und seine Menschen fehlen weitgehend. Das Interesse an kulturellen und religiösen, wirtschaftlichen und politischen Entwicklungen jenseits der Oder und Neiße besteht in der Breite unserer Gesellschaft leider kaum. Ich habe den Eindruck, daß selbst der Wunsch nach besseren Beziehungen schon einmal größer war. Gestern sprach jemand von den goldenen siebziger Jahren. Es war das Jahrzehnt der Entspannung zwischen Ost und West, von der wir auch innerhalb des politischen Ostens profitierten. Die Grenzen zwischen Polen und der DDR waren offen. Das trotz offizieller staatlicher Zensur in Polen nicht ganz so stark reglementierte kulturelle und geistige Leben war damals – neben anderen Freuden des Reisens – für viele Menschen hierzulande eine gern genutzte Gelegenheit, den eigenen Erfahrungshorizont zu erweitern. Ein Netz persönlicher Verbindungen von Mensch zu Mensch begann zu entstehen.

Doch viele verheißungsvolle Ansätze aus dieser Zeit brachen mit den beginnenden achtziger Jahren ab. Der Reiseverkehr wurde eingeschränkt, dann ganz unterbrochen, später zögerlich in Einzelfällen wieder ermöglicht. Obwohl es begrüßenswerte Anzeichen für eine Verbesserung dieser Situation gibt, sind wir von einer Normalität weit entfernt.

In den vergangenen Jahren haben sich in der polnischen Gesellschaft auf vielen Gebieten tiefgreifende Wandlungen vollzogen. Wir wurden daran gehindert, diese auch nur hinreichend wahrzunehmen. Vor zehn Jahren wußte ich beispielsweise über die soziale und berufliche Lage meiner Altersgenossen in Polen gut Bescheid. Nach sechs Jahren Abgrenzung fällt es mir schwer, mir das alltägliche Leben unter den Bedingungen von stagnierender Wirtschaft, galoppierender Inflation, extremer Wohnungsnot und wachsenden ökologischen Belastungen vorzustellen. Es gab in diesen sechs Jahren auch regelrechte menschliche Tragödien. Mir ist zum Beispiel der Fall eines katholischen Priesters bekannt, der seinem krebskranken Freund in Polen verprochen hatte, ihn zu beerdigen. Nach dem Eintreffen der Todesnachricht bekam er zwar die Reisepapiere, wurde aber an der Grenze nicht durchgelassen. Viele sind an diesen Zuständen müde geworden und haben Kontakte zwar nicht ausdrücklich abgebrochen, aber einschlafen lassen. Und die bis 25jährigen hatten in der Regel noch gar keine Möglichkeit zu authentischen

Begegnungen. Der verstärkte Massentourismus ersetzt das persönliche Gespräch nicht.

2

Für das polnisch-deutsche Verhältnis besteht heute – von der DDR aus gesehen – die Gefahr, daß wir die Abgrenzung auch innerlich hinnehmen und nachvollziehen, daß wir es unbewußt „akzeptieren“, auch von diesem Stück unserer internationalen Mitwelt ausgeschlossen zu sein. Es besteht die Gefahr, daß immer noch vorhandene und zumindest jederzeit abrufbare alteingewurzelte Stereotypen und Klischees von heute neu entstehenden Zerrbildern überlagert werden. Während in der Vergangenheit Abneigung und Geringschätzung den Polen gegenüber ein Gefühl zivilisatorischer und kultureller Überlegenheit förderten, das sich schließlich in einem nationalsozialistischen Feindbild verfestigte, sind diese neuen Zerrbilder das Resultat von Gleichgültigkeit, Ignoranz und mangelnder Anteilnahme.

Die Erweiterung unseres Wahrnehmungshorizonts ist deshalb eine unerläßliche Bedingung für jeden polnisch-deutschen Dialog – eine Bedingung dafür und noch nicht dieser Dialog selbst. Wir müssen die polnische Gesellschaft erst wieder sehen lernen in ihrer aktuellen Differenziertheit und Pluralität. Ansonsten wird das Land zwischen Oder und Bug immer mehr zu einem Niemandsland, zu einem weißen Fleck auf der Landkarte wie Afrika in den Atlanten des 19. Jahrhunderts: Man kannte den Umriß, nicht aber die innere Geographie.

Übrigens scheint es umgekehrt ähnliche Tendenzen zu geben, und ich möchte an dieser Stelle eine Bitte an unsere Gäste aus Polen richten: Bitte helfen Sie mit, daß auch auf Ihrer Seite ein für Begegnung und Dialog günstiges Klima entsteht. Für viele Ihrer Landsleute ist die DDR nichts als ein lästiges Transitland Richtung Westeuropa geworden. Dafür mag es die unterschiedlichsten Gründe geben. Doch sagen Sie bitte zu Hause, daß auch hier Ihre Besuche erwartet werden!

Versöhnung zwischen Völkern beruht auf der Erinnerung der gemeinsamen Geschichte, aber sie braucht auch eine Zukunftsperspektive, deren konkrete Gestalt der Dialog ist. Dieser Dialog beruht auf dem gemeinsamen Interesse an der Wahrheit, und zwar der ganzen und ungeteilten Wahrheit. Diese Feststellung klingt wie eine banale Selbstverständlichkeit. Indessen belegt nicht zuletzt die Praxis – auch die innerkirchliche – der vergangenen sechs Jahre, daß es dazu des Mutes bedarf und der Überwindung der Angst. Und schließlich beruht der Dialog auf der Gleichberechtigung aller Beteiligten und der Achtung der Identität des anderen. Auch dazu müssen wir die notwendige geistige und moralische Reife im Grunde ständig neu erwerben.

Für eine christliche Friedensethik hat meines Erachtens der Wille zu einem solchen Dialog – natürlich nicht nur in Richtung Polen – eine ebenso große Bedeutung wie die Einsicht, daß mehr Waffen nicht mehr Sicherheit bedeuten. Dieser letzten Überzeugung hat unsere Kirche in den vergangenen Jahren dadurch Ausdruck gegeben, daß sie auf mehreren Synoden die Absage an Geist, Logik und Praxis der Abschreckung ausgesprochen hat. Weil nun auch der Dialog nicht länger behindert werden darf, ist es an der Zeit, auch die Absage an Praxis und Prinzip der Abgrenzung auszusprechen. Ich habe deshalb einen entsprechenden Antrag an die Synode unterschrieben. Die Forderung nach voller Wiederherstellung der Reisemöglichkeiten zwischen Polen und der DDR entsprechend der Praxis von 1972 bis 1980, wofür die Synode jetzt öffentlich eintreten soll, steht dort nicht zufällig an erster Stelle. Einem solchen Ansinnen wird häufig entgegengehalten, daß dann wegen der bestehenden ökonomischen Ungleichheiten zwischen unseren Ländern die Polen lediglich unseren Kaufhäusern einen Besuch abstatten würden, was unsere Wirtschaft nicht verkraften könnte. Mir will scheinen, manch einer stellt sich das als apokalyptisches Ereignis vor: Hungrige Heuschreckenschwärme fallen über unsere modernen Konsumtempel her. Dies alles würde nationalistische Emotionen begünstigen, so heißt es, und der Schaden durch eine offene Grenze wäre größer als der mögliche Nutzen. Diesem Argument wird zuweilen auch unter uns eine gewisse Berechtigung nicht abgesprochen. Ich meine trotzdem, daß es ein Argument mit einer versteckten demagogischen Tendenz ist, wenn es zur Rechtfertigung der geschlossenen Grenze dient. Denkt man diese Logik konsequent weiter, dann müßten grundsätzlich Menschengruppen, die sich sozial, national, politisch oder in sonstiger Hinsicht unterscheiden, voneinander isoliert werden, nur um potentielle Konflikte zu vermeiden. Man kann dieses Problem auch umgekehrt sehen: Die Gefahr, daß es wegen der wirtschaftlich-sozialen Ungleichheiten in der Bevölkerung zu polenfeindlichen Stimmungen kommt, ist gerade deshalb so groß, weil es in den letzten Jahren ein soziales Lernen im Rahmen konkreter Begegnungen nicht geben konnte.

3

Das eingangs erwähnte deutsch-französische Beispiel belegt, daß grenzüberschreitender Dialog kein Luxusartikel für weltfremde Träumer ist, sondern der einzig erfolgversprechende Weg zur Entstehung einer internationalen Friedenskultur. Im Blick auf Polen muß dafür ein geeignetes Klima erst wieder geschaffen werden. Da ein zentrales Thema des polnisch-deutschen Dialogs der sechziger und frühen siebziger Jahre – die Frage der Nachkriegsgrenzen – nunmehr trotz einiger weniger gegenteiliger Stimmen aus der Bundesrepublik erledigt ist, stellt sich die Frage, worüber Polen und Deutsche heute miteinander sprechen sollten.

In letzter Zeit wird viel von Europa als dem größeren Vaterland, dem „gemeinsamen Haus" der hier lebenden Völker gesprochen. An dieser Diskussion um die europäische Zukunft beteiligen sich Menschen ganz unterschiedlicher weltanschaulicher, politischer und religiöser Überzeugungen: Christen verschiedener Konfessionen, Konservative und Liberale, Sozialisten und Grüne, natürlich mit je eigenen Akzenten. Dazu gehören – um das Spektrum anzudeuten – exilierte ostmitteleuropäische Schriftsteller ebenso wie ZK-Sekretäre der regierenden kommunistischen Parteien. Einige eher zufällig gewählte Beispiele, ohne diese hier zu interpretieren, mögen das belegen.

Willy Brandt hält für eine zweite Phase der Entspannungspolitik eine „Europäisierung Europas" für notwendig. Papst Johannes Paul II. betont bei vielen Gelegenheiten die vom Christentum überlieferten Werte als Grundlage einer europäischen Identität: „Trotz blutiger Konflikte zwischen den Völkern Europas und trotz der geistigen Krisen, die das Leben des Kontinents erschüttert haben – bis hin zu den ernsten Fragen, die sich aus dem Gewissen unserer Zeit über seine Zukunft stellen – muß man nach zwei Jahrtausenden seiner Geschichte zugeben, daß die europäische Identität ohne das Christentum nicht verständlich ist, daß gerade in ihm sich jene gemeinsamen Wurzeln finden, aus denen die Zivilisation des Kontinents erwachsen ist." Günter Grass wiederum warnt die Westeuropäer davor, unter Europa nur die Staaten der EG zu verstehen und erinnert daran, daß sich die Menschen in Prag, Budapest oder Warschau als Mitteleuropäer betrachten. Czeslaw Milosz, der heute in den USA lebende polnische Dichter, unterscheidet hingegen deutlich zwei Europas, deren Grenze allerdings nicht mit der heutigen Blockgrenze identisch ist. Die Trennungslinie wird markiert von den Erfahrungen, die die Völker unter den Gewaltsystemen Nationalismus und Stalinismus in diesem Jahrhundert machen mußten oder nicht. Und last but not least: Über die spezifisch geschichtlichen Bindungen und die eigenständige Kultur Mitteleuropas sprach neulich auch der Konsistorialpräsident der Evangelischen Kirche in Berlin-Brandenburg, Manfred Stolpe, in einem Interview für die Tageszeitung „Die Welt". Es ist natürlich nicht meine Absicht, diese ganze Diskussion hier wiedergeben zu wollen. Wenn aber so unterschiedliche Menschen – mit ganz verschiedenen Positionen im einzelnen und von verschiedenen Ansätzen her – von Europa bzw. Mitteleuropa sprechen als einer geistigen Einheit, einer moralischen Verpflichtung und einer kulturellen Aufgabe, dann kann dieses Europa nicht nur ein Phantom sein. Dann ist die derzeitige Trennung des Kontinents, die mitten durch unsere Stadt geht, eine künstliche Trennung.

Wie es in diesem „gemeinsamen Haus" Europa weitergehen kann und soll angesichts der tausendfachen Herausforderungen, die auch nur aufzuzählen hier keine Zeit ist – darüber sollten gerade auch Polen und Deutsche heute miteinander sprechen. Oder besser: *in diesem Horizont* sollten wir miteinander sprechen.

Um im Bild des Hauses zu bleiben: Früher meinten die Deutschen, in der polnischen Nachbarwohnung von Zeit zu Zeit gründlich Ordnung schaffen zu müssen. An dieser Vorstellung ging mehr zu Bruch als nur ein paar Einrichtungsgegenstände des Hauses – seine Fundamente wurden erschüttert. Heute bastelt und tapeziert jeder für sich in seinem eigenen Zimmer, zudem oft noch bei verhangenen Fenstern. Die Rekonstruktion aber, die das Haus nötig hat, geht nur gemeinsam.

(Vortrag in der Arbeitsgruppe „Deutsche und Polen" beim Evangelischen Kirchentag Berlin am 26. Juni 1987 – gekürzte und überarbeitete Fassung)

Perspektiven

Axel Noack

Ausgrenzungen erfahren – Abgrenzungen vornehmen

Zeitgeschichtliche Eckdaten zu einem komplexen Thema

Angefragt nach einem „zeitgeschichtlichen Überblick ... der hilft, bessere, weiterführende Fragen zu stellen", kann ich nicht umhin, einige kritische Einwände voranzustellen:

1. Ich kann den Begriff „Abgrenzung" nicht durchweg negativ verstehen (im Unterschied zu „Abschreckung"). Auch eine „Absage" ist eine Abgrenzung. Jede „Definition" hat es mit Abgrenzungen zu tun, und also gehören für mich zum Beispiel „Abgrenzung" und „Profilierung" sachlich zusammen.
2. Der sprachliche Gleichklang von „Absage an Geist, Logik ... der Abschreckung" und „Absage an Praxis und Prinzip der Abgrenzung" ist reizvoll, aber auch verführerisch: Es darf nicht übersehen werden, daß hier sachliche Unterschiede bestehen. Es bleibt zu hoffen, daß die Diskussion des Antrags mit der erneuten Bitte um eine „Absage" nicht der konkreten und nun endlich auch theologisch verbindlichen Arbeit am Thema der „Absage an Geist, Logik und Praxis der Abschreckung" hinderlich ist.
3. Wenn eine Synode eine Absage (auch: Verwerfung) ausspricht, kann sie dies nur, wenn sie sich selbst als in das zu Verwerfende schuldhaft verstrickt erkennt und das nun ändern möchte.

Das trifft für das Abschreckungssystem zu (Geist und Logik: Heidelberger Thesen etc.; Praxis: Beteiligung von Christen in Armeen). Für die „Abgrenzung" ist das nicht, oder nur in einer sehr viel komplizierteren Weise der Fall, als es der Antrag erkennen läßt. Hier soll eine Synode eine Absage an eine staatliche Politik aussprechen. Das geht meines Erachtens nicht, beziehungsweise nur unter inflationärer Verwendung des Begriffs „Absage"!

4. Gerade auf dem Hintergrund des oben vorgebrachten Einwandes

hielte ich es für lohnenswert, nun doch auch danach zu fragen, wie Praxis und Prinzip der Abgrenzung *innerhalb* unserer Kirchen wirksam waren und sind. Angefangen mit der Weigerung der Anerkennung beziehungsweise der inneren Ablehnung der neuen Staatlichkeit der DDR in den 50er Jahren über die Gründung des Bundes der Evangelischen Kirchen, die ja – gewollt oder aufgezwungen – mit der Auflösung der EKiD einherging, bis hin zu dem neuen innerkirchlichen Modewort „Eigenständigkeit“: Man würde leicht fündig werden!

Genug der Vorrede! Die Schwierigkeiten für einen zeitgeschichtlichen Überblick haben ihre Ursachen darin, daß es ja nicht einfach darum gehen kann, die Verwendung des Abgrenzungsbegriffes in der politischen und ideologischen Auseinandersetzung zwischen Ost und West aufzuzeigen. Diese hat es gegeben, und sie ist wohl nicht zuletzt wegen der zum Teil sehr polemischen Rhetorik bis heute in Erinnerung geblieben.

Beispiel: Professor J. Kuczynski im ND (Februar 1971):
Ja, wir in unserer Deutschen Demokratischen Republik wollen uns abgrenzen, soweit abgrenzen wie nur möglich von einer Gesellschaftsordnung, in der die Interessen des Monopolkapitals das Leben der Menschen bestimmen, ihre Gedanken manipulieren und ihre Existenz verunsichern ... Ja, wir ziehen bewußt eine Grenze zwischen uns und der Pest, zwischen Leben und Tod ... Abgrenzung – wie sie das Wort hassen, unsere Feinde, genau wie die ‚Mauer‘, die wir vor zehn Jahren gegen ihre Angriffe in einer Nacht gebaut haben! Abgrenzen – gegen alles, was an Schädlichem in unser Land eingeschleust werden soll, gegen Rauschgift und ideologische Perversion, gegen ‚Hasch‘ und Heroin, gegen nationalistische Reaktion und Sozialdemokratismus.[1]

Auch das Anführen noch so drastischer Zitate soll nicht darüber hinwegtäuschen, daß die explizite Verwendung des Begriffes „Abgrenzung“ auf einen relativ kurzen Zeitraum beschränkt blieb (meines Erachtens 1970 auf der 14. ZK-Tagung bis Ende der 70er Jahre). Prinzip und Praxis der Abgrenzung reichten jedenfalls wesentlich weiter als es die Verwendung des Begriffes selbst aussagt.

Es ist aber unmöglich, alle Mauern und Barrieren (=Abgrenzun-

---

[1] Zitat nach Spanger, H.-J.: Die SED und der Sozialdemokratismus. Ideologische Abgrenzung in der DDR; Köln 1982, S. 12.

gen) wirtschaftlicher, politischer und ideologischer Art, mit denen die DDR umgeben wurde oder sich selbst umgeben hat, aufzulisten. Ebenso unmöglich ist es, „abgrenzungsintensive" Zeitabschnitte von Zeiten der „Öffnung" abzuheben, denn es konnten bestimmte politische „Öffnungen" (zum Beispiel im Reiseverkehr) neue wirtschaftliche Abgrenzungen mit sich bringen (Mindestumtausch; 15,– M-Umtausch seit 1.7.1987). Auch ideologische Abgrenzungen (Bestreitung der ideologischen Koexistenz, Ablehnung konvergenztheoretischer Theorien) konnten mit politischen Öffnungen einhergehen. Andererseits konnten ideologische Verunsicherungen mitverantwortlich für politische Abgrenzungen sein (Zurücknahme der Freizügigkeit zur VR Polen).

Will man wenigstens versuchen, durch Unterscheidung von politischen, wirtschaftlichen und ideologischen Faktoren etwas Licht in das Dunkel zu bringen, so ergibt sich für mich folgendes Bild:

1. Zunächst fällt auf, daß die Sowjetische Besatzungszone (SBZ) beziehungsweise die spätere DDR Abgrenzungen vor allem *erfahren* hat. Schon im März 1946 spricht W. Churchill in seiner berühmt-berüchtigten Foulton-Rede vom „Eisernen Vorhang", der durch den europäischen Kontinent geht. Er führt aus:

„Niemand weiß, was Sowjetrußland und die kommunistische internationale Organisation in der nächsten Zukunft zu tun gedenken oder was für Grenzen ihren expansionistischen und Bekehrungstendenzen gesetzt sind, wenn ihnen überhaupt Grenzen gesetzt sind." [2]

Churchills Friedensrezept ist die militärische Überlegenheit (sprich: Alleinbesitz der A-Bombe) des Westens. Noch deutlicher spricht der amerikanische Präsident Truman in der nach ihm benannten Doktrin (März 1947). Da ist dann von Eindämmung, „roll back", die Rede. Die ganze Doktrin fragt nach Möglichkeiten der Eingrenzung des Vorwärtsdrängens kommunistischer Ideen und Praktiken.

Eine gewisse Fortsetzung fand diese Politik durch die sogenannte Hallstein-Doktrin, die die Anerkennung der DDR durch Drittländer mit Boykottandrohungen versah (50er Jahre und 60er Jahre).

Übrigens: Als kirchliche Jugendgruppen (Studentengemeinde) Mitte der 60er Jahre mit dem Slogan „Seid nett zueinander, sagt

---

[2] Foulton-Rede: zitiert nach: Handbuch der Verträge 1871-1964; Berlin 1968, hrsg. von H. Staecker.

DDR!“ auftraten, erfreuten sie sich nicht der Zustimmung durch die Gesamtkirche.

In der DDR selbst wird offiziell erst von der 25. ZK-Tagung (Oktober 1955) festgestellt, daß die Wiedervereinigung nicht mehr das erste Ziel der Politik sei. Allerdings hatte es schon in den Jahren 1952/53 eine wahre Spionage- und Agentenhysterie mit allen denkbaren Spielarten der Abgrenzung (unter anderem Grenzsperrgebiete seit Sommer 1952) gegeben.

In den Jahren nach 1955 dann der deutliche Versuch der Eigenprofilierung der DDR im Unterschied (beziehungsweise in Abgrenzung) zu Westdeutschland. Das belegt eine ganze Reihe von Maßnahmen (Jugendweihe, neue Staatsflagge, Staatsrat als neue Regierungsform, Umgestaltung der Landwirtschaft, „Überholen ohne Einzuholen“ etc.). In diese Zeit fällt auch eine ganze Reihe ideologischer Abgrenzungsschritte (atheistische Propaganda, „Antennendrehen“, Verbote für Studenten, in die BRD zu reisen etc.).

Das alles geschah auf dem Hintergrund einer sehr angespannten weltpolitischen Lage (Scheitern des Viermächtegipfels in Genf [Juli 1955], Suez-Krise, Ungarn-Krise, KPD-Verbot in der BRD, Adenauer stand im Zenit seiner Macht). Erst die Veränderung des Kräfteverhältnisses in der BRD (und in der Welt überhaupt: Linkstrend) brachte eine deutliche Entspannung (Regierung Brandt, neue Ostpolitik, Berlin-Abkommen, Grundlagenvertrag etc.). Schließlich beendete die Aufnahme der beiden deutschen Staaten in die UNO eine drei Jahrzehnte währende Ausgrenzung der DDR von der politischen Weltbühne (1973).

2. Die Abgrenzungen auf wirtschaftlichem Gebiet, die der SBZ aufgezwungen wurden, beginnen unübersehbar mit der Währungsreform (Juni 1948). Die schnell wachsende wirtschaftliche Potenz des Westens, verbunden mit Embargomaßnahmen und Störversuchen, bringt die DDR-Wirtschaft in Schwierigkeiten und Abhängigkeiten. Eigentlich erst der Mauerbau 1961 bringt – bei allen einschränkenden und negativen Folgen für die Bürger – die Möglichkeit eines wirklichen wirtschaftlichen Aufschwungs.

Die Besonderheiten unseres Wirtschaftssystems (extreme Subventionen für fast alle Waren des täglichen Bedarfs, für Mieten und Tarife bei vergleichsweise geringerer Arbeitsproduktivität) machen wirtschaftliche (zum Beispiel finanzielle) Abgrenzungen fast zwingend notwendig. Wie zwingend wirtschaftlichge Abgrenzungen wirklich sind, wird an den Beziehungen zu den anderen sozialistischen Ländern deutlich: Trotz oft genug schwülstiger Freundschafts- und Bruderbundversicherungen gibt es erhebliche Unterschiede im Lebensstandard und eine Menge bürokratischer Quotierungen von Umtauschmöglichkeiten bei Privat- und Touristenreisen. Das Paradoxe ist, daß wir alle die Vorzüge unseres Wirtschaftssystems (niedrige Preise!) gern in Anspruch nehmen, die damit verbundenen Abgrenzungen aber als Belastung empfinden. Darüber sollte gesprochen werden!

3. Auf ideologischem Gebiet gingen beziehungsweise gehen Abgrenzungsmaßnahmen wohl schon längere Zeit vom Osten beziehungsweise von der DDR aus. (Die Anfangsjahre nach 1945 verdienten da eine sehr differenzierte Analyse!) Die wirtschaftliche Potenz des Westens jedenfalls erlaubte es, ideologischen Einflüssen des Ostens relativ gelassen zu begegnen.

Die Offenheit der Anti-Hitler-Koalition (zum Beispiel Auflösung der kommunistischen Internationale 1943) ist spätestens seit der Jugoslawienkrise und der (Neu-)Gründung des Kominform (1948) beendet. Für die DDR wird dies auf der 1. Parteikonferenz (Januar 1949) manifest („Partei neuen Typus“). Abgesehen von den erwähnten Jahren 1952/53 stellt dann die Revisionismus-Dogmatismus-Diskussion der Jahre 1956-58 einen weiteren Höhepunkt dar. Darüber wird es dann heißen:

Der moderne Revisionismus nutzte die Kritik am Personenkult um J. W. Stalin zu verstärkten Angriffen gegen die sozialistische Staats-und Gesellschaftsordnung aus.[3]

Das Festhalten an den allgemeingültigen Erkenntnissen des Marxismus-Leninismus wurde von den modernen Revisionisten als Dogmatismus und ‚Stalinismus‘ diffamiert.[4]

Die Auseinandersetzung mit diesen ‚modernen Revisionisten‘ führte zu Problemen im Hochschul- und Universitätsbereich. Erst in jüngster Zeit wird deutlicher über diese Abgrenzungsphase gesprochen (vgl. die Würdigungen zum 100. Geburtstag von Ernst Bloch).

Die Jahre nach 1968 (Studentenunruhen im Westen, weltweite Linkstrends) brachten neben Entspannungspolitik und Helsinki-

---

[3] Badstübner, Rolf: 1955-1961, in: DDR – Werden und Wachsen; Berlin 1975, S. 300.

[4] Geschichte der deutschen Arbeiterbewegung, hrsg. vom Institut M/L beim ZK der SED; Berlin 1966, Bd. VIII, S. 55.

Anfängen die ideologische Abgrenzung von Theorien des „Dritten Weges“ (Marcuse) und von der Konvergenztheorie. Ebenso gilt das auch für trotzkistische und maoistische Ideen. Die Schlußakte von Helsinki stellt einen Höhepunkt in der Entspannungsphase dar (1975). Als danach, vor allem ausgehend von der USA-Administration, eine deutliche Verschlechterung in den Beziehungen der Großmächte eintrat, ist es nicht zuletzt der Dialogbereitschaft der DDR-Regierung zu danken, daß die Ost-West-Gesprächsmöglichkeiten erhalten blieben.

Zur gleichen Zeit – und das ist ein Hinweis auf die Komplexität des Problems – die Auseinandersetzungen auf kulturellem Sektor innerhalb der DDR (Biermann-Ausweisung 1976). Noch 1986 wird es darüber heißen:

... wurde in den Künstlerverbänden eine umfangreiche politisch-ideologische Arbeit geleistet, um Provokateure in die Schranken zu weisen, Irregeführte wieder für den richtigen Weg zu gewinnen, dem imperialistischen Klassenfeind eine deutliche Abfuhr zu erteilen.[5]

Gerade das Gebiet der ideologischen Fragen zeigt, wie stark mit Veränderungen und unvorhersehbaren Umbrüchen gerechnet werden kann. Als plastisches Beispiel könnte der Medienbereich gelten. Welche Veränderungen hat es da gegeben! Angefangen von Propagandaschriften gegen das Hören westlicher Sender und Antennendrehaktionen über geplanten Redner- und sogar Zeitungsaustausch bis hin zum Verkauf von Pal-Fernsehern und den Interessengemeinschaften zum Empfang eines guten Westbildes, die wie Pilze aus dem Boden sprießen (Gemeinschaftsantennenanlagen). Nicht zu vergessen die deutliche Erleichterung bei der Einfuhr von Literatur. Daneben aber immer noch „Giftschrankmentalität“ selbst in großen wissenschaftlichen Bibliotheken und eine oftmals beschämend „zurückhaltende“ Berichterstattung in den eigenen Medien.

Zusammenfassung:

Trotz aller hier von mir aufgezeigten Eckdaten zum Thema der Abgrenzung sehe ich in den letzten Jahren doch deutliche Tendenzen

---

[5] Hilzheiner, Achim: Ergebnisse und Erfahrungen der Kulturpolitik der SED in den siebziger Jahren, in: Bzg 26 (1986), S. 353.

zur Überwindung der Abgrenzung. Und zwar nicht nur von der Sowjetunion aus, von der eine fast atemberaubende Offenheit ausgeht. Auch in der DDR sind solche Bemühungen zu spüren. (Das läßt mich nach dem richtigen Zeitpunkt des Antrags fragen.)

Daß mit dem Abbau von Abgrenzungen neue Gefahren auftreten, liegt auf der Hand. Zum Beispiel sehe ich die Gefahr von zunehmenden Privilegierungen Einzelner und die Ersetzung von Rechtsansprüchen durch nicht durchschaubare Gnadenakte. (Auch unsere Kirchen sind in einer für mich beschämenden Weise in das System der Privilegierungen einbezogen. Darüber sollten wir sprechen!) Die in dem Antrag ausgesprochenen Bitten weisen meines Erachtens in die richtige Richtung. In diesem Sinne möchte ich den Antrag unterstützen und bitte, meinen Beitrag so zu verstehen.

Rudolf Schottlaender

Gerechtigkeit des politischen Urteils

Was die „*Praxis* der Abgrenzung" betrifft, stimme ich der Absage an sie in der Formulierung der fünf Punkte A bis E des Antragsabschnitts III vollinhaltlich zu.

Hinsichtlich des „*Prinzips* der Abgrenzung" aber scheint mir das alttestamentliche Motto mit seinem Aufruf zur „Gerechtigkeit" zu unbestimmt, um die grundsätzliche Ablehnung der Abgrenzung hinreichend zu motivieren.

Was für eine Art von Gerechtigkeit tut denn am meisten not, um den Übelständen der „Abgrenzung" entgegenzuwirken? Es ist, sage ich, die Gerechtigkeit des *Urteils*, in einem Sinne, der weder einzuengen ist auf den gerechten Spruch des zur Entscheidung befugten Richters noch zu vermengen ist mit der gerechten Verteilung materieller Güter. Hieraus ergibt sich mein Begriff der „Widerparteilichkeit". Darunter verstehe ich den konstruktiven, weil aus dem Bemühen um Urteilsgerechtigkeit erwachsenden Widerstand gegen die Parteilichkeit sowohl unter der Einparteiherrschaft nach östlichem Muster als auch unter der alternierenden Parteienherrschaft westlichen Gepräges. Beide an Parteilichkeit gebundene Systeme: das monokratische ebenso wie das pluralistische, scheinen da, wo sie konstitutiv sind, unabänderlich.

Obwohl man unter beiden Arten von Parteilichkeit aufrecht existieren kann und sich hierum, je nach der eigenen Staatsbürgerschaft, loyal bemühen sollte, darf man doch niemals aus dem Auge verlieren, daß die *Herrin* Parteilichkeit nicht zur *Despotin* werden darf. Ihr hierbei bevorzugtes Werbemittel ist die Berufung auf „Demokratie". Und doch scheinen das westliche Prinzip der liberalistischen und das östliche der zentralistischen Demokratie so, wie die Propagandisten beider Seiten das ihrige vortragen, unvereinbar. Der Buchstabe „D" in westlichen Parteinamen wie CDU, FDP, Sozial-

demokratie bedeutet etwas ganz anderes als das zweite „D“ im Staatsnamen „DDR“. Denn die Lenker und Befürworter des Wettrüstens sehen diejenigen der Gegenseite als bloße Machthaber an: vom Westen aus als die Oligarchen (das heißt die wenigen Leute) im Kreml, vom Osten aus als die Plutokraten (das heißt die reichen Leute) im Weißen Haus. Als „Demokraten“ wollen die einen wie die anderen gelten. Aber jede der beiden Seiten wirft der anderen vor, das „D“ zur Tarnung zu verwenden. Was dahintersteckt, erscheint je nach Standpunkt entweder als oligarchischer Volksbetrug durch das Politbüro oder als plutokratischer Volksbetrug durch die Interessenlobbies. Im einen wie im anderen Falle wäre das Volk nicht, wie es doch der Name „Demokratie“ besagt, Subjekt der Herrschaft, sondern bloß deren Objekt. Das wird verschleiert durch die unverfänglich klingende Formel: „friedliche Koexistenz von Staaten mit unterschiedlicher Gesellschaftsordnung“. Dies ist eine diplomatische Verharmlosung. So wenig nämlich einzuwenden wäre gegen eine „Abgrenzung“, die nur die tatsächlich abweichenden Merkmale registriert, so sehr muß man aufpassen, daß daraus nicht die *isolierende* „Abgrenzung“ wird, gegen die *wir* uns wenden. Denn es kann ein gehässiger Antagonismus dahinterstecken.

Die Hauptschwierigkeit liegt wohl darin, daß man dem von Lenin proklamierten „demokratischen Zentralismus“ nur den Zentralismus, das heißt die einheitliche Führung durch die Parteispitze, aber nichts Demokratisches zutraut. Nun ist zwar die zentralistische Demokratie unaufhörlich vom Überwuchern des Zentralismus bedroht, sie kann sich aber auch immer wieder bei den verschiedensten Gelegenheiten auf die ursprüngliche Aufgabenteilung, die die von der Massenbasis ausgehende Aktivität einschließt, zurückbesinnen, wie Gorbatschow das neuerdings in die Wege geleitet hat. Es müßte möglich sein, auch wenn jemand als westlicher Mensch die pluralistische Demokratie bei sich zuhause keinesfalls durch die zentralistische ersetzt sehen will, diese dennoch als für eine andere Gesellschaftsordnung konstitutiv anzuerkennen und sich durch den kaltkriegerischen Kampfruf: „Freiheit gegen Totalitarismus“ nicht mehr überschreien zu lassen, wie man sich andererseits die veraltete Parole „Sozialismus gegen Imperialismus“ nicht mehr gefallen läßt.

Hierzu wäre es allerdings wünschenswert, daß man sich der schweren Probleme bewußt wird, vor die sich, wenngleich in ganz anderer Art, auch die pluralistische Demokratie immer wieder gestellt sieht. Das Mißtrauen gegen die finanzkräftigen Interessentengruppen, die hinter den Parteien der jeweiligen Parlamentsmehrheit stehen, ist gewachsen. Die Gegenwirkung nimmt zu. Sie hatte im Oktober 1983 in Bonn eine öffentliche Demonstration von vorher nie erreichtem Umfang und einer Volkstümlichkeit im besten Sinne des Wortes gegen die Stationierung der Pershing-II-Raketen gezeitigt. Und doch lief danach im Bundestag die Abstimmung, die ganz korrekt nach allen parlamentarischen Regeln vor sich ging, zugunsten der Aufstellung aus. Ein erschütterndes Erlebnis des vorprogrammierten Anscheins von Demokratie, bei dem das Volk nicht Subjekt, sondern Objekt der Herrschaft wurde!

In dem einen Lager Klassenkampfparteilichkeit ohne Ende, in dem anderen deren frömmelnde Verteufelung! Wer im Bannkreis einer der beiden Supermächte verharrt, sieht da nichts Drittes. Aber solch ein Drittes tut not, um den Kalten Krieg und das mit ihm einhergehende Wettrüsten an der psychologischen Wurzel zu packen. Hierbei ist auch an den Verlauf der Geschichte zu denken, der dazu geführt hat, daß die Demokratie so grundverschiedene Erscheinungsformen zeigt wie die liberalistische und die zentralistische. Sehr klug hat Clement Attlee, Chef der britischen Labourregierung von 1945 bis 1951, einmal gesagt, man dürfe nie vergessen, daß Rußland keine Dominanz des Liberalismus durchlebt hat. Hierzu paßt die Vorstellung von Georg Lukács, daß „der auf Rußland aufgepfropfte Kapitalismus schon in seinen Anfängen einen stark monopolistischen Charakter zeigt: Überwiegen der Großbetriebe, Rolle des Finanzkapitals“. Im Zarenreich hat somit weder der Segen noch der Fluch der mittelständischen freien Konkurrenz eine so große Rolle gespielt wie in den Ländern mit bedeutender liberaler Tradition. Gerade diese Tradition aber liegt, im Guten wie im Bösen, dem Pluralismus zugrunde, der den europäischen und amerikanischen Parlamentarismus geprägt hat. Ambivalent wie diese Tradition selbst ist auch ihr Wegfall. Daher ist die zentralistische Variante der Demokratie zwar nicht mit den *Vorzügen* der freien Konkurrenz ausgestattet, aber auch nicht mit ihren *Auswüchsen* behaftet. Dies ist geradezu fundamental für das Verständnis des Sowjetsystems. Wen der Mangel an liberalistischen Vorzügen schreckt, der wird für seine Person daraus die Schlußfolgerungen ziehen, ebenso jedoch auch der, dem das Fehlen der Auswüchse des Konkurrenzkampfes besonders am Herzen liegt.

Im ganzen genommen wäre die alledem entsprechende Haltung eines Beobachters, der der isolierenden Abgrenzung eine Absage erteilt hat, am ehesten zu bezeichnen als *Bejahung der im Rahmen eines nichtantagonistischen Gegensatzes sich haltenden ideologischen Koexistenz.*

Edelbert Richter

Abgrenzung und nationale Identität

Die bedrohliche militärstrategische Lage Anfang der achtziger Jahre hat nicht ohne Grund die Sehnsucht nach der Einheit Deutschlands wieder wachwerden lassen. Wenn die Großmächte uns vor die Alternative stellten, entweder in absehbarer Zeit uns selber gegenseitig zu vernichten oder umzukehren und so erfinderisch für den Frieden zu werden, wie wir es in den letzten hundert Jahren für den Krieg waren, dann setzten sie in jedem Falle voraus, daß es uns – „die Deutschen“ – in irgend einem Sinne noch gab. Wir selber hatten nun zu definieren, in *welchem* Sinne es uns noch geben sollte! Obwohl die Situation sich inzwischen entspannt hat, sollte der Schock jener Jahre uns eine Lehre bleiben und sollten wir die Suche nach unserer Identität als Deutsche weitertreiben. Was sich in den zurückliegenden Jahren nur als harte Notwendigkeit aufdrängte, hat vielleicht jetzt die Chance der Verwirklichung!

Die Wege und Irrwege scheinen mir dabei schon deutlich markiert: Wir können vom Boden der historischen Tatsachen ausgehen, die Identität gleichsam „hinten“ und „unten“ suchen, oder wir können uns an einer Aufgabe orientieren, die sich heute stellt, die Identität „vorn“ und „oben“ suchen. Das Erstere könnte zum Beispiel bedeuten, daß wir uns trotzig auf den *objektiven* Begriff der deutschen Nation berufen und aus dem Recht auf Erhaltung unserer Sprache, unserer Kultur, unserer Heimat usw. die Forderung politischer Einheit ableiten. Der Boden, auf den wir uns damit stellen würden, schwankt jedoch nicht erst seit der politischen Teilung! Schon im Bismarckreich hat dieser Boden nicht mehr eigentlich getragen, konnte er uns keine geistige Heimat mehr sein: Wir fanden diese eher im christlich-katholischen Universalismus oder im sozialistischen Internationalismus (von Bismarck richtig als seine Hauptgegner erkannt!), später im liberalen oder kommunistischen Internationalismus (die Weimarer Republik zwischen Wilson und Lenin!). Wohl weil wir diese verschiedenen Friedenskonzeptionen nicht auf einen Nenner bringen konnten, aus Verzweiflung gleichsam angesichts dieser großen Aufgabe fielen wir auf den „Boden der Tatsachen“ zurück, wollten wir „realpolitisch“ nichts weiter als *uns selbst* und erfanden wir schließlich mit dem „Volks-“ und „Rasse“-Begriff einen schlechten Ersatz für die gesuchte wahre Identität. Würden wir beim objektiven Nationbegriff anknüpfen, so würden wir also an etwas anknüpfen, was für uns nie eigentlich objektiv war und auf Fiktionen zurückgreifen, die uns schon in die Irre geführt haben. Darüber hinaus würde ein Streben nach Wiedervereinigung unter diesem Vorzeichen zwar vielleicht die Großmächte (gegen uns) zusammenbringen, insofern dem Frieden dienen; aber abgesehen davon, daß dies von den heutigen Kräfteverhältnissen her kaum möglich wäre, wäre es auch nicht wünschenswert, denn es würde eine Art Wiederkehr des Nationalsozialismus und der Anti-Hitler-Koalition bedeuten. Wie es scheint, bewegen wir uns also in einem Dilemma: Wenn wir die Verständigung der Großmächte wollen und zu diesem Zweck unsere Wiedervereinigung, dann führt das zu einer Wiederkehr der Situation unter dem Nationalsozialismus auf neuer Stufe. Wenn wir aber diese Situation vermeiden wollen und keine Wiedervereinigung anstreben, dann womöglich um den Preis, auch auf keine wirkliche Einigung der Großmächte hoffen zu dürfen und unseren Untergang weiter fürchten zu müssen. Vom objektiven Nationbegriff aus wäre die Entscheidung, vor der wir stünden, die zwischen Erneuerung des Nationalsozialismus und Untergang, somit überhaupt keine Entscheidung.

Als Ausweg aus diesem Dilemma bietet es sich an, auf den objektiven Nationbegriff der deutschen Tradition endlich ganz zu verzichten und von den Traditionen zu lernen, auf die sich die Großmächte gründen. Ging unsere eigene Identitätssuche im Grunde nicht schon lange in diese Richtung? Damit geraten wir jedoch nur in ein neues Dilemma: Sollen wir den in der Tat lehrreichen *subjektiven* Nationbegriff der westlichen Tradition übernehmen? Franzose bin ich zum Beispiel nicht aufgrund meiner Sprache, meiner kulturellen Herkunft oder meines „Blutes“, sondern aufgrund meiner Entscheidung für die französische Verfassung. Das wäre endlich eine offene, nicht mehr exclusive Identität! Dagegen steht nur leider heute die ebenfalls lehrrreiche Infragestellung des Nationbegriffs überhaupt durch den Klassenbegriff, wie sie der Marxismus-Leninismus vertritt! Beides zugleich zu übernehmen ist nicht möglich, es entspräche aber auch nicht dem Stand der historischen Entwicklung. Denn der bürgerliche Nationalgedanke, der ursprünglich gegen die alten feudal-absolutistischen Reiche gerichtet war, hat sich inzwischen als Imperialismus ausgetobt, ist in neue übernationale politische Gebilde eingegangen und hat spätestens mit dem Abschreckungssystem seine Überzeugungskraft verloren. „Wiedervereinigung" unter diesem Vorzeichen muß daher auf Vereinnahmung der DDR und Eingliederung ins westliche Bündnis hinauslaufen, das heißt auf eine Phrase oder Krieg. – Andererseits stellt sich der Klassengegensatz, der doch nach ursprünglicher marxistischer Lehre die zwischenstaatlichen Gegensätze unterlaufen sollte, heute und gerade in Deutschland paradoxerweise als zwischenstaatlicher Gegensatz dar, und befindet sich die Überordnung der Klasse über die Nation in fataler Nähe zur alten preußischen und russischen Überordnung des Staates über die Nation. Was der proletarische Internationalismus an Infragestellung des Nationalen zu leisten vermag, scheint er bei uns jedenfalls geleistet zu haben: in der Spaltung der Nation. Es entspricht demnach genau der leninistischen Theorie, die Zweistaatlichkeit Deutschlands (samt der Tendenz zur Herausbildung zweier Nationen) anzuerkennen. Dies zu tun, hieße für uns aber wieder, die Spaltung der Menschheit und den eigenen absehbaren Untergang als Schicksal hinzunehmen!

Da also der bürgerliche und der proletarische Internationalismus zu übernationalen „Systemen" geführt haben, die sich gegenseitig und damit die Menschheit mit Vernichtung bedrohen, kann eine nationale Identität derer, die sich an der Front dieser Systeme befinden, nur an der übernationalen Aufgabe der *Vermittlung* zwischen ihnen gewonnen werden. Genau das, was wir für die Menschheit wollen, müssen wir auch für unsere Staaten wollen. Den Status quo der Spaltung Deutschlands dürfen wir nicht anerkennen (auch nicht mehr in Gestalt einer friedlichen Koexistenz – deren Folgen sind inzwischen bekannt!), weil er genau die Spaltung der Menschheit, ihre politische Handlungsunfähigkeit, ihre Lähmung angesichts eines quasi-naturhaften Schicksals spiegelt. Aber auch eine Wiedervereinigung dürfen wir nicht anstreben, weil sie, wenn sie überhaupt zustande käme, mit einer „Wiedervereinigung" der Großmächte nicht nur gegen uns, sondern auch auf Kosten der übrigen Menschheit, mit einer Art Welthegemonie verbunden wäre. Der Mittlerrolle entspricht am ehesten das Modell einer *Konföderation* der beiden deutschen Staaten, das ja schon in den fünfziger Jahren diskutiert worden ist. Eine solche Konföderation würde eine Wiederkehr des

Deutschen Bundes unter heutigen Bedingungen sein und so die Kritik an der deutschen Tradition seit Bismarck politisch vollstrecken. Zugleich würde sie für den Westen den Osten und für den Osten den Westen vertreten und so einen wechselseitigen Lernprozeß institutionalisieren. Schließlich könnte sie in einer für die „Weltinnenpolitik" beispielhaften Weise unlösbare außenpolitische Probleme in innenpolitische übersetzen, die einer rationalen Lösung zumindest zugänglich sind.

Von diesen Überlegungen her unterstütze ich die „Absage an Praxis und Prinzip der Abgrenzung".

Zwischenergebnisse

Stephan Bickhardt

Praktizierte Abgrenzung als Prinzip

Zum Gesprächsgang über die bekennende Absage

Im folgenden möchte ich die Diskussion um die Inhalte des Antrags „Absage an Praxis und Prinzip der Abgrenzung" anhand schriftlicher Zeugnisse erläutern. Dieser Versuch soll persönliche Gedanken mit enthalten, nicht aber alles in wenige Worte einzwingen: die Aktionen, Gespräche und Denkarbeit bis hin zur bekennenden Absage.

1. *Briefwechsel*

Offene Briefe regen auf, zumal wenn sie zum Jahrestag der Berliner Mauer, die Seite wechselnd, einer Selbstanfrage nachgehen. „Was hat die Kirche zum 13. August 1986 zu sagen?" So die Frage von Bischof Kruse (Berlin-West) an Bischof Forck (Berlin-DDR), formuliert zu Pfingsten 1986. Die „gefährliche Grenze ist eine Hinterlassenschaft des Krieges" (Kruse) und deshalb „als Folge deutscher Schuld anzusehen, und nicht etwa als ein unverschuldetes Verhängnis" (Forck). Verstehen wir die Mauer als Gericht Gottes über die Irrlehre des Nationalsozialismus und über die Sünde des deutschen Vernichtunsgskrieges, so sind *alle* Deutschen angesprochen, eine neue gesellschaftliche Situation herbeizuführen. Vielen, die damals über den Briefwechsel diskutierten, war seine Richtung wichtig: die seelsorgerliche Aufgabe der Kirche ist es nach dem Evangelium, sich zu den in der Gesellschaft leidenden Menschen zu stellen. Dabei ist aber in der Einschätzung politischer Gegebenheiten „nüchterne Wahrhaftigkeit" (Kruse und Forck) nötig.

L. Mehlhorn schrieb beiden Bischöfen einen ausführlichen Brief. Der Anspruch der Wahrhaftigkeit ließ ihn weiter fragen, besonders im Blick auf die Mauer und Grenze nach innen, in die DDR hinein:

Grenzen und Mauern sind geradezu eine Grunderfahrung für

meine Generation geworden. Nahezu jedes Schlüsselerlebnis ist mit den Phänomenen Grenze und Abgrenzung verbunden. Ich kann gut verstehen, daß ‚Mit der Teilung leben' – um an Müller-Gangloffs Buch zu erinnern – ein notwendiges Lernziel der 60er Jahre war, weil es eine Perspektive jenseits von Verbitterung und Illusion geben mußte. Aber heute braucht uns das niemand mehr zu sagen. Wir haben nie etwas anderes gekannt. Wir – das ist inzwischen die Mehrheit der Bevölkerung!

Wir wissen alle davon: Reiseverbote nach Polen (selbst in die CSSR), Briefkontrollen, abgehörte Telefone oder Kontaktverbote, zwangsweise Versetzung in einen anderen Bereich des Betriebes, Anpassungsdruck oder die psychische Belastung der Grenzsoldaten, erschossene Flüchtlinge, bangende Verwandte oder restriktive Zollbestimmungen, die die Einfuhr von Büchern und anderem behindern, oder die Schranken bei der Buchausleihe in den Bibliotheken, die Zensur und Selbstzensur im Verlagswesen und bei den Autoren, die „still- und heimliche" Weitergabe von Büchern und Vervielfältigungen, selbst in unserer Kirche. Die Aufzählung solcher Abgrenzungen im Land ließe sich noch lang fortsetzen. Die Christen und Kirchen müssen sich fragen, inwieweit sie in solch unwürdige Praktiken verstrickt sind. Wo übergehen wir Abgrenzung oder betreiben sie selbst?

Bischof Forck erinnerte an das vielbenannte „Versagen der Kirche gegenüber den Arbeitern im vorigen Jahrhundert". L. Mehlhorn schließt hier an und spricht von „einer Tendenz zu einem neuen kirchlichen Partikularismus". Im Blick auf das Ausreiseproblem wird wohl besonders deutlich, was er meint:

Für Christen gibt es keine Sonderargumente, weder fürs Bleiben noch fürs Gehen. Es ist ja nicht Christenverfolgung, worüber wir zu klagen haben. Darum ist es ein Verlust für unsere Gesellschaft, wenn Menschen weggehen, die sich der Mauerkrankheit entgegengestellt haben – und ab irgendeinem individuell je verschiedenen Punkt nicht mehr weiterkonnten. Ob es sich dabei um Christen handelt oder nicht, ist unerheblich. Das vielleicht bitterste Kapitel wird in dieser Hinsicht die Literaturgeschichte, nicht die Kirchengeschichte, zu schreiben haben. Nicht nur für die Christen, auch für die Kirche als ganzes – wenn sie sich wirklich *im Bonhoefferschen Sinne als Da-Sein für andere versteht – ist es ein Verlust, daß Jurek Becker und Wolf Biermann, Sarah Kirsch und Günter Kunert, Thomas Brasch und Jürgen Fuchs nicht mehr da sind.*

Ein klares Wort der Kirche in dieser Sache steht aus.

Im Blick auf den möglichen atomaren Weltkrieg hat unsere Kirche 1982 das eindeutige Wort gefunden, gewiß motiviert durch die spontan gewachsene, eigenständige Friedensbewegung. Die Absage an das atomare Abschreckungs*system* beziehungsweise dessen Geist (irrationale Macht) und Logik (wechselseitige Vernichtungsdrohung) entlarvte die weltweit wirkenden, politisch kalkulierten Kriegsdrohungen als teuflisch. Das Fortschreiten der Zivilisation (Entdeckung des spaltbaren Urans) ermöglicht ihre Selbstvernichtung. Deshalb mußte Geist, Logik und schließlich Praxis der systematischen Vernichtung aus Mitverantwortung für die Schöpfung Gottes abgesagt werden. Aufgrund eigener Erfahrung können wir aber weiter fragen: Ist es nicht das alte politische Prinzip der Abgrenzung, das die Versuchung, die Menscheit dem Abschreckungssystem zu überlassen, heraufbeschwor?

L. Mehlhorn konnte mit seiner Bitte, im Bekennen einen Schritt weiter zu gehen, deshalb überzeugen, weil nach und nach deutlich wurde: Das Prinzip der Abgrenzung charakterisiert eine überholte Gesellschafts*politik* nach innen und außen (zum Beispiel nationalstaatliche Ziele, Parteienherrschaft, Klassenkampfstrategien, sogenannte freie Marktkonkurrenz). Im Brief heißt es an zentraler Stelle:

Und sie (gemeint ist die Kirche St. B.) *dürfte die ‚kritische Mitverantwortung für alles, was bei uns geschieht' (Forck) nicht nur postulieren. Sie müßte diese Verantwortung auch ganz konkret wahrnehmen, indem sie sich eindeutig und unmißverständlich* gegen Geist und Logik der Abgrenzung *öffentlich ausspricht.*

Keiner der mitdiskutierenden Freunde ahnte damals, wie vielschichtig das angeschnittene Problem ist und welche Konsequenzen sich aufdrängen würden. Mit diesen Briefen wurde das Abgrenzungsprinzip, das als Folge einer althergebrachten und festgefahrenen Praxis verstanden werden kann, persönlich durchbrochen. Das hatte Wirkungen, auch seelsorgerliche.

2. *Entwürfe und Formel*

Die Überlegung, einen Antrag in die Berlin-Brandenburger Synode einzubringen, war unter anderem darin begründet, daß dort *gewählte* Vertreter die Gemeinden und Christen repräsentieren. In dem Streit zwischen Basisgruppen und Kirchenleitung, wie wir ihn in Berlin erlebten, schien die Autorität der Synode in Vergessenheit zu geraten. Jenseits der Diskussion um Basisbeteiligung und Leitungsstil konnte die Abgrenzungsproblematik nur dann geistlich und politisch konsequent behandelt werden, wenn sie keiner Gruppierung, keinem Gremium oder gar einer einzelnen Person zugeordnet beziehungsweise zugeschoben würde. Wenn Christen um ihres Glaubens willen die Abgrenzungspolitik thematisieren sollten, dann würde das Anliegen von Synoden, Gemeinden und Einzelnen aufgenommen und mitgetragen. Es gab keinen Zweifel: Das überkommene Abgrenzungsprinzip zu entlarven, das kann nur Sache aller sein, ja, müßte sogar Christen und Nichtchristen neu ins Gespräch bringen. Diese Überzeugung ließ uns später auch Mut fassen, den Aufruf zu schreiben.

Gemeindekirchenratsmitglieder der Bartholomäusgemeinde, Christen anderer Gemeinden, Pfarrer, Freunde der Aktion Sühnezeichen, Künstler und andere diskutierten die Entwürfe und schrieben Voten. Von Entwurf zu Entwurf wurde die Aussagerichtung präzisiert. Ohne die Diskussion im einzelnen nachzeichnen zu wollen, waren aus meiner Sicht folgende Überlegungen für die Endfassung von Gewicht:

a) Praktizierte Abgrenzungen folgen keinem ihnen innewohnenden Geist oder gar einer Logik (zum Beispiel der Gegenseitigkeit wie bei der Abschreckung). Zunächst wurden uns beide Worte im Nachdenken über die andere Formel fraglich, da sie theologisch (Geist) und geistesgeschichtlich (Logik) *positiv* besetzt sind. Im Vergleich von politischer Abgrenzung und militärischer Abschreckung wurde deutlich, daß beide Übel in einem jeweils anderen funktionalen Zusammenhang stehen. Ein solcher Zusammenhang ist aber im Blick auf die Abgrenzung nur schwer auszumachen. Abgrenzungen wirken in alle Bereiche unseres Lebens hinein. In den Gesprächen waren wir immer wieder von eigenen belastenden Erfahrungen ausgegangen. Und so ist es doch: Die Praxis der Abgrenzung empfinden wir als übermächtig. Sie in all ihren sozial störenden Auswüchsen zu benennen und unterscheidend zu werten, dazu scheint uns die innere und äußere Freiheit nicht gegeben zu sein. Langsam wurde klar, daß hinter diesen Auswüchsen ein Prinzip steht, ein anonymes, meist politisches Kalkül, das aber dennoch Menschen zu verantworten haben. Daher die Schlußfolgerung: Wo praktizierte Abgrenzungen zum Prinzip geworden sind (zum Beispiel die Isolierung der DDR-Bürger) oder dieses Prinzip erneut Abgrenzung praktisch nach sich zieht (zum Beispiel die unglaublich vielen Einreiseverbote in die DDR), sollten Christen in der Freiheit ihres Glaubens sagen: Hier werden Wege zu anderen Menschen prinzipiell verbaut. Das kann nicht Gottes Wille sein. Dazu werden wir eingestehen, daß wir selbst die Abgrenzung als ein dialogverhinderndes Prinzip in unserer Kirche erleben oder sogar praktizieren (Punkt III E). Diese und andere Überlegungen führten uns dazu, daß der Zusammenhang von *Praxis und Prinzip* bezüglich der Beschreibung von Abgrenzung *unaufgebbar* ist und wir darum unter der sogenannten Formel absagen müßten. Die weitere Diskussion hierüber ließ uns ahnen, daß die Formel vermutlich nicht nur auf die Situation in der DDR zutrifft. Diese Frage könnte Bestandteil des ökumenischen Prozesses hin zu einem Friedenskonzil sein, sollte aber auch die Friedensbewegung beschäftigen.

b) Die Praxis der Abgrenzung erfahren wir insbesondere in den eingeschränkten Begegnungsmöglichkeiten (Punkt I und II). Dieser Tatsache versuchen die Konkretionen zur Absage-Formel (Punkt III) Rechnung zu tragen – in Hinsicht auf unsere Begegnungen in Richtung Osten (A) und Westen (B), sowie in Hinsicht auf den Dialog von West nach Ost (C), die Situation der Menschen in der DDR (D) und der Christen in Kirche und Staat (E). Zugunsten einer möglichst geschlossenen Entfaltung des vorherrschenden Problems verhinderter Begegnungen entfielen zum Teil detaillierte Bitten aus den Bereichen Informations- und Kulturaustausch sowie internationaler und ökumenischer Partnerschaften, obwohl sie sachlich unter die Formel gehören. Präzisiert wurde hingegen der mögliche *Weg* heraus aus *unserer* verengten Lebensperspektive, wie es in Punkt IV heißt. Denn es kommt nicht einfach nur darauf an, daß sich die menschlichen Beziehungen nach außen vervielfachen können, sondern daß ein frei geführtes öffentliches Gespräch im Land diesen Prozeß trägt und bestimmt. Daher wurde versucht, den Horizont einer notwendigen *gesellschaftlichen* Diskussion in den Blick zu bekommen. Pauschale Akklamationen, zum Beispiel gegenüber dem Staat, sprechen nicht den Bürger an, der frei und mündig werden will. Die Christen und die Kirche sind also gebeten, ein Wort an die Menschen zu richten, um zu einem gemeinsamen offenen Gespräch über drängende Lebensfragen zu kommen, zum Beispiel über Freizügigkeit zwischen den sozialistischen Staaten. Dies ist die Intention der jeweils zweiten Forderung in den Punkten A-D. Der Weg direkt zu den Menschen hin eignet sich, dem Prinzip der Abgrenzung und seinen Folgen nach innen und außen entgegenzutreten. Wie wichtig dieser Aspekt im Gesprächsgang um den Antrag war, zeigt die Eingabe der Beteiligten, die nicht zur Bartholomäusgemeinde gehören. Sie richtet sich an die Berlin-Brandenburger Synode und lautet im Blick auf Punkt III:

Das christliche Friedenszeugnis gewinnt unserer Meinung nach mit dem Einstehen für entsprechende Menschenrechte an gesellschaftlicher und politischer Wirksamkeit. Besonders wichtig ist uns, daß die Synode nicht nur das erwartete grundsätzliche Wort spricht, sondern die Christen auch dazu aufruft, die im Antrag genannten Schritte und Ziele öffentlich anzusprechen.

3. *Synode*

Mit spontanem Beifall beantworteten die Synodalen die Einbringung des Antrags durch Herrn Dr. Fischbeck. Es mag auch Erleichterung über das längst fällige deutliche Wort gewesen sein, was die vehemente Zustimmung ausdrückte. Die Vorlagen des Ausschusses „Frieden/Gerechtigkeit/Umwelt" zur Beschlußfassung stellten sich jedoch nicht den Aussagen des Antrags im ganzen. Punkt 4 der Drucksache 126 ging hier am weitesten:

Die Kirchen und Christen können dazu beitragen, vermeidbare Hemmnisse, die diesem Prozeß (gemeint ist der KSZE-Prozeß St. B.) *entgegenstehen, abzubauen. Solche Hemmnisse liegen in einem feindseligen Denken, in der Verweigerung eines offenen Dialogs, in der Einschränkung von Bewegungsmöglichkeiten der Menschen, in einseitigen Darstellungen, Zerr- und Feindbildern und anderen Folgen einer so nicht mehr vertretbaren Abgrenzung.*

In anderen Beschlüssen wurden die Reisemöglichkeiten von und nach Polen, Einreiseverweigerungen für Bürger westlicher Länder sowie das Problem unbegründeter Antragsablehnungen angesprochen.

Das Fazit der Synode lautet verkürzt: Abgrenzung ist *nicht vertretbar.* Bei dieser allgemeinen Aussage soll es aber nicht bleiben. So jedenfalls verstehe ich folgenden Synodalbeschluß:

Das Präsidium der Synode wird gebeten, Drucksache 28 (gemeint ist der Antrag) interessierten Gemeinden zur Verfügung zu stellen. Die Synode beauftragt den ständigen Gemeindeausschuß und den ständigen Ausschuß Frieden/Gerechtigkeit/Umwelt, die Diskussionsanregungen der Drucksache 28 und des Einbringungsreferates aufzunehmen und auf der nächsten Synodaltagung darüber zu berichten.

Der Aufruf an die Christen im Land will diesen Impuls verstärken. In der Frage nach dem zeitgemäßen christlichen Bekenntnis sind alle angesprochen.

Heino Falcke

Antrag und Begründung

bei der Bundessynode in Görlitz, 18.–22. September 1987

Ich stelle den Antrag an die Bundessynode, sie möge sich die Absage an Praxis und Prinzip der Abgrenzung, wie sie von Gliedern der Bartholomäusgemeinde Berlin in ihrem Antrag an die Synode der Evangelischen Kirche von Berlin-Brandenburg auf ihrer Tagung vom April 1987 ausgesprochen wurde, nach Intention und Inhalt zu eigen machen.
(Verlesung des Antrags „Absage an Praxis und Prinzip der Abgrenzung")

Ich habe diesen Antrag aus drei Gründen aufgenommen:

1. Ich teile die Diagnose dieses Antrages, daß unsere Gesellschaft an den Folgen einer früheren aber auch noch fortdauernden Praxis und Ideologie der Abgrenzung schwer krank ist. Das geht uns als Christen und Kirchen von unserem Auftrag her und um der Menschen willen an.
2. Wie viele andere unter uns, habe ich ständig mit Menschen zu tun, die an der Praxis der Abgrenzung leiden. Mich beunruhigt, daß die Zahl der Menschen, die mit solchen Leiden zu mir kommen, in letzter Zeit gestiegen ist. Das breite Echo, das dieser Antrag vor der Berlin-brandenburgischen Synode gefunden hat, über 200 Eingaben an die Bundessynode, zeigt, daß hier wirklich eine Wunde in unserer Gesellschaft berührt ist.
3. Ich bringe diesen Antrag vor die Bundessynode, weil er ein unsere ganze Gesellschaft und nicht nur Berlin-Brandenburg betreffendes Problem anspricht. Er geht also die Gesamtheit unserer Kirchen in der DDR an und gehört damit vor die Bundessynode.

Allerdings habe ich auch gezögert, diesen Antrag aufzunehmen. Ich habe mich gefragt, ob es jetzt an der Zeit ist, der Praxis und dem

Prinzip der Abgrenzung eine Absage zu erteilen, wo unser Staat ja gerade eine Politik der Öffnung, der Entspannung, der Vertrauensbildung, betreibt. Wir haben seit dem 18. August das Gesprächsergebnis der SED und SPD auf dem Tisch „Der Streit der Ideologien und die gemeinsame Sicherheit". Hier ist ganz auf der Linie des Neuen Denkens der Streit der Ideologien, „der gemeinsamen Verantwortung für den Frieden, für die Erhaltung der Biosphäre und für die Überwindung von Hunger und Elend in der Dritten Welt" untergeordnet. Hier wird also der Versuch gemacht, die Systemgegensätze nicht zu verschleiern, aber so mit ihnen umzugehen, daß der friedensverhindernde und friedensgefährdende Effekt der Abgrenzung eben gerade nicht eintritt, sondern Kooperation möglich ist.

Das bedeutet ja, daß aus einem antagonistischen Gegensatz, wie er bisher gesehen wurde, also einem Gegensatz des Gegeneinanderkämpfens, ein Wettbewerb wird, ja sogar (Zitat aus der gemeinsamen Erkärung) ein „Wettbewerb in der Kooperation". Hier wird das Prinzip der Abgrenzung jedenfalls im Dialog und im Denken überwunden.

Wir haben weiter auf den Kirchentagen in Frankfurt am Main und in Berlin erlebt, wie Vertreter unseres Staates und Universitätsprofessoren an Podiumsdiskussionen teilnahmen und die Politik des Dialogs praktizieren, von der Professor Reinhold auf dem Frankfurter Kirchentag sprach.

Wir haben die Ausweitung der Besuchsreisen in die Bundesrepublik und schließlich haben wir den Besuch von Erich Honecker in der Bundesrepublik, der die Verantwortungsgemeinschaft der beiden deutschen Staaten in den Friedens- und Umweltfragen unterstrichen und ihr ein aussagekräftiges Symbol geliefert hat.

Und schließlich hörten wir in dieser Woche, daß am Mittwoch mit der polnischen Regierung auch vereinbart worden sei, „Möglichkeiten für die schrittweise Erweiterung des Tourismus zu schaffen".

Rennt also die Absage an die Abgrenzung nicht, wenn nicht offene, so doch mindestens sich öffnende Türen ein?

Kann diese Abgabe nicht sogar mißbraucht werden, um die Politik der Öffnung und des Dialogs zu verdächtigen und denen Argumente zu liefern, die um ihre antikommunistischen Feindbilder fürchten und versuchen, diese wieder zu stabilisieren.

Dies alles hat mich zögern lassen, hat mir sehr zu denken gegeben, ob ich mir in dem gegenwärtigen Zeitpunkt diesen Antrag wirklich zu eigen machen kann. Und ich meine dennoch, daß er eine ganz bestimmte Funktion, einen guten Sinn auch in dieser Situation hat und ich beantrage damit, daß die Bundessynode ihn in seiner Intention aufnimmt, denn seine Intention möchte ich so präzisieren, daß sie eben diese Politik der Öffnung unterstützen will.

So heißt es in dem Antrag: „Der in unserem Land begonnene Prozeß der kontrollierten Öffnung nach außen, braucht neue Anstöße unsererseits" (am Ende von I). Die Intention dieses Antrages ist also kritische Assistenz für die Politik der Öffnung. Und diese kritische Assistenz halte ich für notwendig.

Sie ist einmal notwendig, weil der Öffnung nach außen eine Öffnung und Offenheit nach innen entsprechen muß. Wir müssen es lernen, unsere Probleme in der DDR unter den Bedingungen der Weltoffenheit freimütig zu besprechen. Offenheit nach außen ist nur zu haben, wenn man die Offenheit auch im Innern wagt.

Dem Ansehen des Sozialismus können wir nicht dienen, indem wir über seine Schwächen und Defizite den Mantel des Schweigens breiten, im Gegenteil, das erzeugt Mißtrauen. Wenn in unserer Gesellschaft offene Kritik geäußert werden und Meinungsstreit stattfinden kann, das wird im Ausland wie im Inneren Vertrauen in unserer Gesellschaft wecken.

Im gemeinsamen Dokument der SED und der SPD heißt es: „Kritik und Kooperation dürfen einander nicht ausschließen". Nun, was zwischen Ost und West gilt, muß doch wohl erst recht in der sozialistischen Gesellschaft gelten, auch wenn es sich um die scharfe und zugespitzte Kritik eines Liedermachers handelt. Auch diese Kritik darf nicht zum Argument werden, ihn von der Kooperation in unserer Gesellschaft auszuschließen. Daß wir die Ausgrenzung anderer Meinungen überwinden, ist notwendige Assistenz für die Politik der Öffnung. Denn Ausgrenzung anderer Meinungen ist der erste Schritt zur Ausbürgerung.

Die Politik der Öffnung hat zweitens kritische Assistenz nötig, weil sie sich in unserer Gesellschaft gegen ihr widersprechende Erscheinungen und Erfahrungen durchsetzen muß.

Ich denke an Erfahrungen im Bereich des Bildungswesens, die junge Menschen, nicht nur junge Christen, machen. Solche jungen Menschen, die zum Konzept der kommunistischen Erziehung und seinem Erziehungsziel der sozialistischen Persönlichkeit in Spannung stehen oder gar zu ihm quer liegen. Ich meine Erfahrungen, die die Antragsteller machen und das Wort „Antragsteller" wird ja immer mehr zu einer Kategorie, einer Klassifizierung von Menschen, die sich als Ausgrenzung in eine Art Niemandsland zwischen Ost und West erleben.

Ich denke an die Erfahrungen der sogenannten „Geheimnisträger", und das ist leider eine sehr große Gruppe, die unter Kontaktverbot mit westlichen Verwandten und Freunden gestellt sind. Ich denke an die Erfahrungen bei unbegründeten Ablehnungen, wo ein Büroschreibtisch zur Grenze zwischen Wissenden und Mächtigen auf der einen Seite und unmündig Abhängigen auf der anderen Seite wird. Ich denke an das urgesunde Bedürfnis junger Menschen, jenseits unserer Landesgrenzen, im Osten und im Süden die Welt erfahren, im buchstäblichen Sinne erfahren möchten und daran gehindert werden.

Was mich besonders bedrückt, ist eine Erfahrung, die ganz unspektakulär ist, ja die um so weniger bemerkt wird, als sie sich ausbreitet. Ich meine die Ausgrenzung des Spontanen, des eigenwüchsig Aktiven, des originell Kreativen, des eigenmotivierten Probierens, bei dem man nicht schulmeisterlich gegängelt, sondern eigene Wege gehen und auch Fehler machen will.

Die Ausgrenzung durch eine Gesellschaft, die immer weiß, was richtig ist, bringt die Bereitschaft und Fähigkeit zur Mitverantwortung in vielen, vor allem in jungen Menschen, zum Aussterben, bevor sie sich entwickeln können. Sie haben Ideen, aber sie merken früh, daß man sie besser nicht verwirklicht: Sie haben Fragen, aber erleben, daß sie nicht gefragt sind. Sie wollen Alternativen probieren, aber sie stehen vor Wänden. Und dann verlernen sie es, Ideen zu haben, Fragen zu stellen und Neues zu probieren. Daran ist unsere Gesellschaft krank, und hier wird Öffnung dringend notwendig.

Aber ich denke, wir müssen das Problem noch schärfer sehen. Die Politik der Öffnung selbst verschärft auch Widersprüche. Je weiter die Entspannung fortschreitet, je normaler Besuche zwischen Ost und West werden, desto monströser steht die Mauer in der politischen Landschaft. Je mehr Leute reisen dürfen, desto ungeduldiger und unwilliger fragen andere, warum sie nicht dürfen. Je deutlicher ausgesprochen wird, daß der Friede nur noch politisch und gemeinsam mit den Gegnern gesichert werden kann, desto mehr schwindet die militärische Motivation zum Wehrdienst. Die einen bekommen hier Angst, daß die Politik der kontrollierten Öffnung außer Kontrolle geraten kann, und die anderen werden ungeduldig, drängen weiter und haben doch auch Angst, es könnte den Regierenden zu weit gehen, und es könnte so kommen, daß gar nichts mehr geht. Diese

Unsicherheit und Angst ist in unserer Gesellschaft weit verbreitet.

Die Absage an die Abgrenzung darf nicht radikalistisch verstanden werden als die Losung „Alles oder nichts“. Das macht alles zunichte. Sie meint aber, daß wir den Weg nach vorn gehen müssen durch diese Widersprüche hindurch und nicht aus den Widersprüchen zurückfallen dürfen in Abgrenzung, Kontrolle, Stagnation und Militarisierung. Marxistische Dialektik ist doch eine Anleitung, mit Widersprüchen fruchtbar, weitergehend umzugehen. Dies möchte nach meinem Verständnis die Absage an die Abgrenzung unterstützen.

Ich sprach von der Intention dieses Antrages: Kritische Assistenz für die Politik der Öffnung.

Noch einige kurze Worte zum Inhalt diese Antrages. Ich brauche ihn nicht im einzelnen zu erläutern. Nur zwei Bemerkungen: Die Formulierung „Absage an Praxis und Prinzip der Abgrenzung“ ist natürlich der Absage an Geist, Logik und Praxis der Abschreckung angelehnt. Sie ist im Grunde in dieser Absage schon mit enthalten. Man kann da ja fragen, muß sie in dieser Formel noch einmal formuliert werden?

Die Abgrenzung ist eine Dimension des Geistes der Abschreckung und die Praxis der Abgrenzung ein Teil der Abschreckungspraxis.

Dieser Antrag sagt also in gewisser Hinsicht nur ausdrücklich, was in der Absage an die Abschreckung implizit bereits bekannt ist. Aber diese Explikation scheint doch nötig, weil sie uns zeigt, was wir konkret zu tun haben, wenn wie die Abschreckung nicht nur verbal, sondern real überwinden wollen. Das heißt aber auch, ebenso wie das Nein der Absage an die Abschreckung aus dem Ja des Friedensevangeliums kommt, so lebt die Absage an die Abgrenzung aus dem Ja der grenzüberschreitenden Liebe und Versöhnung. Das zeigt sich zwar in diesem Antrag an den konkreten Empfehlungen, die gemacht werden und die ja durchweg positiv gezielt sind, aber es müßte, glaube ich, in diesem Antrag noch grundsätzlich deutlicher gemacht werden, wo die Quelle dieser Absage liegt.

Zweite Bemerkung:

Es wurde bereits gegen den Antrag eingewandt in der Diskussion, die ja schon einige Monate läuft, die Absage an die Abgrenzung sei selber eine Abgrenzung. Das ist insofern ein Scheinargument, als sich die Absage ja ausdrücklich auf eine Praxis und ein Prinzip und nicht auf Menschen bezieht, vielmehr im Dienst der Beziehungen, der Kommunikation und Solidarität zum Menschen steht. Daß dem so ist, werden wir aber durch unsere eigene Praxis zu beweisen haben. Und dies durch die eigene Praxis beweisen heißt, zuerst aufmerksam werden auf die Praxis und das Prinzip der Abgrenzung bei uns selbst. Abgrenzung gibt es eben nicht nur oben und von oben nach unten; Abgrenzung gibt es auch von unten nach oben und eines schaukelt sich am anderen hoch. Es gibt einen latenten aber spürbaren Rassismus auf unseren Straßen, in unsern Gaststätten und an Wohnungstüren im Umgang mit farbigen Mitmenschen. Und es gibt in unseren Gemeinden die vielgestaltige Abgrenzungsmentalität und Praxis, die Menschen von der Gemeinde fernhält und uns selbst zu Kirchenmauernbauern, statt zu Wegbereitern des Evangeliums macht.

Vor vierzig Jahren sagte das Darmstädter Wort, „wir sind in die Irre gegangen, als wir meinten, eine Front der Guten gegen die Bösen im politischen Leben und mit politischen Mitteln bilden zu müssen“. Wir gehen in die Irre, wenn wir meinen, die Absage an Praxis und Prinzip der Abgrenzung können wir als Gute gegen andere als Böse aussprechen.

Wir müssen diese Absage vielmehr zuerst in das eigene Fleisch schneiden lassen, bevor wir sie nach außen geltend machen. Nur die Aussage, die unsere eigenen Berührungsängste, Verhärtungen und Abwehrmechanismen trifft, kann Frieden stiften und Türen öffnen und Beziehungen erschließen. Dies müßte in dem Antrag, denke ich, wohl noch deutlicher gemacht werden. Ich meine also, daß an dem Antrag gearbeitet werden muß und ich bitte die Bundessynode, in die Richtung der Intention dieses Antrages und im Sinne seines Inhalts, diesen Antrag zu bearbeiten.

Gottfried:

Spende an Comm.

1.800,–

Aus den Synodalbeschlüssen

Bundessynode in Görlitz, 18.–22. September 1987

Im Beschluß „Bekennen in der Friedensfrage", der in dieser Frage einen jahrelangen synodalen Diskussionsprozeß vorläufig abschließt und dabei die Wehrdienstverweigerung als „einen Ausdruck des Glaubensgehorsams, der auf den Weg des Friedens führt" wertet, werden am Ende (Abschnitt III) Konkretionen formuliert, die die Gemeinden ergänzen sollen. Auf die Problematik der Abgrenzung beziehen sich besonders die Punkte 4, 5, 7 und 8:

4. Weil alle Abgrenzung zwischen Menschen das Entstehen von Feindbildern fördert, wollen wir uns für mehr Begegnungsmöglichkeiten zwischen Menschen einsetzen und dazu beitragen, daß viele Menschen unseres Landes die Bürger anderer Staaten in ihrer Umgebung und mit ihren Problemen kennenlernen und besser verstehen
5. Weil erst ein Staat, in dem mündige Bürger Mitverantwortung wahrnehmen können, den Friedensprozeß in der Welt wirksam fördern kann, wollen wir uns dafür einsetzen, daß die Mündigkeit der Bürger gestärkt wird durch sachgerechte Information, offene und öffentliche Diskussion und gemeinsame Suche nach Wegen in die Zukunft.
(...)
7. Weil schwelende Konflikte in einer Gesellschaft den Frieden auch der anderen gefährden, wollen wir die Probleme in unserem Land offen ansprechen, nach ihren Ursachen suchen und zu ihrer Überwindung beitragen.
8. Weil Vertrauen und Freundschaft den Frieden fördern, wollen wir zur Verbesserung unseres Verhältnisses zu den Menschen in Osteuropa, insbesondere zu denen, die bei uns leben und arbeiten, beitragen.

In einer Ergänzung zum Bericht der Konferenz der Kirchenleitungen nahm die Synode Stellung zu aktuellen gesellschaftspolitischen

Ereignissen, so zum Beispiel zum Olof-Palme-Friedensmarsch und zum SPD-SED-Papier „Der Streit der Ideologien und die gemeinsame Sicherheit". Ferner heißt es im Blick auf dialogbehindernde Abgrenzungen: Die Synode erwartet *Fortschritte bei der Lösung nachstehender Probleme:*

- Austausch von Publikationen, Zeitschriften und Informationsmaterial über Grenzen hinweg.
- Erweiterung des Austausches auf kulturellem und wissenschaftlichem Gebiet.
- Erweiterung und durchschaubare rechtliche Regelung von Reisemöglichkeiten für alle DDR-Bürger sowohl in die sozialistischen Länder als auch in das nichtsozialistische Wirtschaftsgebiet, so daß die Genehmigungsentscheidungen überprüfbar werden.
- Einschränkung der Verbote und Meldepflichten bei Kontakten mit Ausländern auf das für den Geheimnisschutz erforderliche Mindestmaß.
- Eröffnung von Reisemöglichkeiten für die ökumenische Begegnung zwischen Gemeinden.

In einem Beschluß zur Ausländerseelsorge weist die Synode auf die wachsende Zahl ausländischer Mitbüger hin:

Dies bringt neue Aufgaben mit sich, führt aber auch zu neuen Konfliktmöglichkeiten, Ängsten und Vorurteilen, gelegentlich auch zu Ausländerfeindlichkeit. (...)
Die Synode ist dankbar, daß viele Bürger unseres Landes, unter ihnen auch zahlreiche Christen, junge Ausländer begleiten und versuchen, ihnen in der Fremde eine zeitweilige Heimat zu geben. Dies geschieht auch dann, wenn Kirchengemeinden ihre Gottesdienste und ihr Gemeindeleben den Christen anderer Kulturen und Traditionen öffnen. (...)
Bei den nicht immer leicht zu lösenden sozialen und menschlichen Problemen des Zusammenlebens in den Wohnheimen, Betrieben und in der Öffentlichkeit sollten Christen das Gespräch mit allen Beteiligten in der Gesellschaft suchen und ihre Mitarbeit anbieten.

Zum Antrag von Dr. Falcke faßte die Synode keinen expliziten Beschluß. Sie verabschiedete lediglich einen Brief an die Verfasser der über 200 Eingaben mit etwa 500 Unterschriften, in dem unter anderem Argumente gegen eine „Absage an Praxis und Prinzip der Abgrenzung“ zusammengefaßt sind:

- *Deutlicher noch als zur Zeit der Berlin-brandenburgischen Synode im April zeichnet sich ab, daß die DDR gegenwärtig eine Politik der Öffnung vertritt, die Abgrenzung überwinden soll. Zwar gibt es noch viele dem widersprechende Erfahrungen, aber eine förmliche Absage an Praxis und Prinzip der Abgrenzung ist nicht an der Zeit.*
- *Eine Absage an Abgrenzung ist eine Verneinung und thematisiert das Nein. Was biblisch zu sagen ist, muß sich aber deutlich aus dem ergeben, was wir vom Evangelium her positiv zu Frieden, grenzüberschreitender Versöhnung und innergesellschaftlicher Verständigung zu sagen und anzubieten haben.*
- *Der Akt der Absage hat bekennenden Charakter. An Geist, Logik und Praxis der Abschreckung hat die Synode die Absage vollzogen. Eine parallele Absage an die Abgrenzung zu vollziehen, ist dem Begriff und der Sache nicht angemessen.*

Dies soll aber nicht das letzte Wort der Bundessynode sein. Sie beauftragte das Präsidium mit der Vorbereitung eines Seminars zum Thema „Abgrenzung und Öffnung“, zu dem die Verfasser der Eingaben eingeladen sind.

(Zusammenstellung: Stephan Bickhardt)

Autoren

Stephan Bickhardt, Jahrgang 1959, Theologe, Mitarbeiter für Studienaufgaben, Geschäftsstelle der Evangelischen Studentengemeinden in der DDR (Berlin)
Peter Böthig, Jahrgang 1958, freiberuflicher Literaturwissenschaftler (Berlin)
Dr. med. Ludwig Drees, Jahrgang 1934, Psychiater (Stendal)
Adolf Endler, Jahrgang 1930, freiberuflicher Schriftsteller (Leipzig)
Dr. rer. nat. habil. Hans-Jürgen Fischbeck, Jahrgang 1938, Physiker (Berlin)
Joachim Garstecki, Jahrgang 1942, Theologe, Referent für Friedensfragen in der Theologischen Studienabteilung beim Bund der Evangelischen Kirchen in der DDR (Berlin)
Konrad Hüttel von Heidenfeld, Jahrgang 1930, Pfarrer (Berlin)
Reinhard Lampe, Jahrgang 1955, Vikar (Berlin)
Ludwig Mehlhorn, Jahrgang 1950, Mathematiker, Diakonischer Mitarbeiter (Berlin)
Axel Noack, Jahrgang 1949, Pfarrer (Wolfen)
Edelbert Richter, Jahrgang 1943, Pfarrer, Dozent für Systematische Theologie und Philosophie, Predigerschule der Kirchenprovinz Sachsen (Erfurt)
Rainer Roepke, Jahrgang 1944, Psychologe (Berlin)
Rainer Schedlinski, Jahrgang 1956, freiberuflicher Schriftsteller (Berlin)
Prof. em. Dr. phil. Rudolf Schottlaender †, 1900–1988, Philosoph (Berlin)
Hans-Jochen Tschiche, Jahrgang 1929, Pfarrer, Leiter der Evangelischen Akademie Sachsen-Anhalt (Magdeburg)
Dr. theol. Wolfgang Ullmann, Jahrgang 1929, Pfarrer, Dozent für Kirchengeschichte am Sprachenkonvikt der Evangelischen Kirche Berlin-Brandenburg, Rektor (Berlin)
Harald Wagner, Jahrgang 1950, Theologe, Repetent für Praktische Theologie am Theologischen Seminar (Leipzig)

Das Wichern-Programm

Das besondere Buch

Gertrud Weinhold: Der Friedefürst. Passion und Ostern in der Volkskunst – weltweit. Geleitwort Richard von Weizsäcker. Eine volkskundliche Sammlung ersten Ranges. 216 S., Großformat, 212 vierfarbige Fotos, geb. 78,– DM.
Zeig mir das Paradies. Bilder und Texte zur Sehnsucht nach Eden. 108 S., Großformat, zahlreiche, meist farbige Abb., geb. 28,– DM.
Matthias Hoffmann-Tauschwitz: Wege zu Berliner Kirchen. Vorschläge zur Erkundung kirchlicher Stätten im Westteil Berlins. 38 Fotos von **Harry C. Suchland.** Übersichtskarten, 88 S., kt., 9,80 DM.
Alte Kirchen in Berlin. Text: **Matthias Hoffmann-Tauschwitz,** Fotos: **Harry C. Suchland.** 33 Besuche bei den ältesten Kirchen im Westteil der Stadt, 320 S., zweifarbig, 326 Fotos im Duoton, Großformat, geb., 68,– DM.
Martin Kruse: Aufmerksamkeiten. Randbemerkungen eines Bischofs. Zusammengelesen von Haymo Alberts. Miniaturen der Besinnung im Alltag. 144 S., kt 16,– DM.
Sei meine Brücke. Fotos, Gebete und Meditationen aus dem Johannesstift Berlin. Text: Berger, Fotos: Böckstiegel. 88 S., 35 Fotos, kt. 12,80 DM.
Hans J. Geppert: Wie hieß die Freundin des Herrn Jesus? Von Adam bis Zion. Rätsel zur Religion. Für Kenner und Neugierige. 184 S., 27 Abb., kt. 19,80 DM.

Poetische Zeitansage

Wolfgang See: Altjahrsabend, Roman eines Kutenpredigers. Ein literarisches Zeitdokument über den Zustand der Kirche. 212 S., geb. 29,80 DM.
Arno Reinfrank: Heuschrecken am Horizont. Gedichte zu den Tieren im Alten Testament. Mit 16 Zeichnungen von Harry Jürgens. 160 S., geb. 28,– DM
»Luther ist tot!« Frank Burckners Straßentheater. Ein Werkbuch mit allem Drum und Dran. 208 S., zahlreiche Abb., kt. 22,– DM.

Zeitgeschichte

Deutsche Dialoge. Anstöße zu einem neuen Denken. Hg. Gerhard Rein. Biblische und politische Einsichten vom Kirchentag in Frankfurt am Main. Mit Fotos. 136 S., kt. 14,80 DM
Deutsches Gespräch. Hg. Gerhard Rein. Vom Kirchentag in Düsseldorf: Heinrich Albertz, Heino Falcke, Günter Gaus, Stephan Hermlin, Manfred Stolpe, Richard von Weizsäcker. 120 S., 6 Fotos, kt. 14,80 DM.
Johannes Jänicke: Ich konnte dabeisein. Sein Lebensweg (1900-1977) vom Elternhaus der Berliner Stadtmission durch den Kirchenkampf unter ostpreußischen Bernsteinsuchern, die Aufbaujahre der DDR, zum Bischofsamt in Sachsen. 2. Aufl., 248 S., kt. 24,– DM.
Peter Heilmann (Hg.): So begann meine Nachkriegszeit. Männer und Frauen erzählen vom Mai '45. 168 S., mit 56 Fotos, kt. 19,80 DM.
Gerda Harnack, Madonna oder Mörderin? Zeugnisse über das Leben und Sterben der Ruth Blaue. 168 S., kt. 19,80 DM.

Kirche unterwegs

Glasnost, Christen und Genossen. Realität und Hoffnung. Aktuelle Berichte und Analysen zum christlichen Leben in der Sowjetunion. Hg. Norbert Sommer. Ca. 140 S., kt. ca. 18,– DM.
Peter Elvy. Die gekaufte Zeit. Fernsehkirche in den USA. Kritischer Report. Deutsch von Ulrike Berger. 156 S., mit Fotos, kt. 22,– DM
Andreas Feige, Ingrid Lukatis, Wolfgang Lukatis: Kirchentag zwischen Kirche und Welt. Auf der Suche nach Antworten. Eine empirische Untersuchung auf dem 21. Deutschen Evangelischen Kirchentag Düsseldorf 1985. Herausgegeben im Auftrag des Deutschen Evangelischen Kirchentages. 212 S., kt. 19,80 DM
Georg Flor: Politische Aktion, Kirche und Recht. Eine Hilfe für das Verhalten bei politischen Aktionen. 128 S., kt., 14,80 DM.
Robert McAfee Brown: Das Ja und das Nein. Was wir Gott schulden und was dem Staat. Eine Stimme des „anderen Amerika". Hg. Manfred Richter. Mit einem Beitrag von Dorothee Sölle. 154 S., kt. 22,– DM.
Wolfgang See, Rudolf Weckerling: Frauen im Kirchenkampf. Beispiele aus der Bekennenden Kirche in Berlin-Brandenburg 1933-1945. 2. Aufl., 164 S., 18 Fotos, kt. 19,80 DM.
Schalom, Kurt Scharf. Ein friedenspolitisches Lesebuch. Hg. Hartmut Walsdorff. Beiträge namhafter Persönlichkeiten. 152 S., 19,80 DM.
Hartmut Walsdorff (Hg.): Warum ich Pfarrer wurde. Männer und Frauen erzählen von ihrem Weg ins Pfarramt. 212 S., mit zahlreichen Fotos, kt. 22,– DM.
Otto A. Dilschneider: Der Exodus des Christentums. Schicksal und Verheißung. 96 S., kt. 16,– DM.
Wolfgang See: Der Apostel Paulus und die Nürnberger Gesetze. Traktat über den abendlandlangen Antisemitismus der Christen. 128 S., dokum. Anhang, kt. 16,– DM.
Berliner Theologische Zeitschrift Halbjahresschrift für Theologie in der Kirche. Herausgegeben im Auftrag der Kirchlichen Hochschule Berlin. Schriftleitung Christoph Gestrich. Jahresabo. 42,– DM. Einzelh. 22,– DM (Studenten 36,– / 19,– DM).

Christen in der DDR

Recht ströme wie Wasser. Christen in der DDR für Absage an Praxis und Prinzip der Abgrenzung. Ein Arbeitsbuch. Hg. Stephan Bickhardt. Vorwort Kurt Scharf. 128 S., kt. 14,80 DM.
Heino Falcke: Mit Gott Schritt halten. Reden und Aufsätze eines Theologen in der DDR aus zwanzig Jahren. 296 S., kt. 36,– DM.
Reinhard Henkys: Gottes Volk im Sozialismus. Wie Christen in der DDR leben. 128 S., kt. 12,80 DM.
Detlef Urban, Hans Willi Weinzen: Jugend ohne Bekenntnis? 30 Jahre Konfirmation und Jugendweihe im anderen Deutschland 1954-1984. Mit statistischen Übersichten. 212 S., kt. 22,– DM.
Kirche im Sozialismus. Zeitschrift zu Entwicklungen in der DDR. 6mal jährlich. Jahresabo. 39,– DM, Einzelh. 7,50 DM.

Die Bibel weitererzählen

Cecil Bødker: Marias Kind, der Junge. Erzählung nach der biblischen Vorlage. Aus dem Dänischen von Gerda Neumann. 32 Zeichnungen von Svend Otto S. 192 S., kt. 22,– DM.
Mann Gottes, Daniel. Legenden und Träume aus dem Leben eines Propheten und seiner Zeit. Von **Ernst Pauli** schwarz auf weiß ins Bild gebracht, und neu zu Protokoll genommen von **Frank Pauli.** 80 S., kt. 14,80 DM.
Dietrich Petersmann (Text), **Hans-Dieter Mangold** (Bilder): **Mein kleines Evangelium.** Zum Vorlesen, Lesen und Malen. 32 S., zweifarbig, geh. 1,90. (Mengenpreise).
Hier spricht Radio Tyrus. Respektlose Reportagen aus biblischer Zeit. Autorenteam: Reporter. Hg. Manfred Voegele. **Sheik Abraham & Co. / Die Karrieren des Josef Ben Israel.** Mappe: 2 Cassetten, 2 Begleithefte (5 x 30 Minuten). Ca. 38,– DM (unverbindlich empfohlener Preis).

Wichern-Verlag GmbH · Bachstraße 1-2 · 1000 Berlin 21